도시부동산 가치를 읽는
새로운 눈, 생성형 AI

원제무

publishing and culture
피앤씨미디어

머리말

도시를 둘러싼 무수한 데이터는 도시의 얼굴이자, 그 가치를 결정하는 비밀스러운 지도이다. 우리는 데이터의 홍수 속에서 살아가고 있다. 특히 도시부동산 분야는 이러한 데이터의 집합체로, 그 안에는 무한한 가능성과 기회가 숨어 있다. 우리는 오랫동안 그 지도를 읽기 위해 발 품을 팔고, 수많은 통계자료와 씨름하며 도시의 숨겨진 가치를 탐색해왔다.

그러나 전통적인 가치평가 방법론은 이러한 방대한 데이터를 효과적으로 활용하는 데 한계를 드러내고 있다. 빠르게 변화하는 도시의 역동성 앞에서 기존의 평가 방식은 한계를 드러내곤 한다. 과연 우리는 도시의 미래를 더 정확하게 예측하고, 보이지 않는 가치를 포착하여 '부의 지도'를 그려낼 수 있을까? 이 책은 바로 그 질문에 대한 하나의 답을 제시한다. 최근 혁신을 거듭하고 있는 생성형 AI(Generative AI) 기술이 바로 그 해답의 실마리가 될 수 있다.

이런 맥락에서 생성형 AI의 도입은 도시부동산 가치평가의 패러다임을 전환할 수 있는 기회를 제공한다 생성형 AI는 단순히 데이터를 분석하고 패턴을 찾는 것을 넘어, 새로운 데이터를 '창조'해내는 기술이다. 이 기술은 GAN(생성적 적대 신경망), VAE(변분 오토인코더),

트랜스포머, 확산 모델 등으로 대표된다. 각 모델은 독특한 작동 원리로 도시부동산 가치 평가에 새로운 지평을 열어준다. 이를 바탕으로 부의 지도를 그리는 방법을 탐구한다. 각 기술의 작동 원리와 장단점을 살펴보며, 이를 통해 도시부동산 전문가와 AI 간의 협업 모델을 구상하는 데 중점을 두었다.

우리는 이 책을 통해 독자들이 생성형 AI가 도시부동산 가치평가에 미치는 영향과 그 가능성을 이해하고, 실제 사례를 통해 이론이 어떻게 현실에 적용될 수 있는지를 보여주고자 한다. 데이터 기반의 가치평가는 이제 선택이 아닌 필수가 되었으며, 인간 전문가의 역할 또한 변화하고 있다. 이러한 변화 속에서 생성형 AI는 단순한 도구가 아닌, 우리의 사고방식을 혁신할 수 있는 동반자로 자리매김할 것이다.

아울러 이 책을 통해 생성형 AI가 어떻게 도시부동산의 복잡한 가치를 새롭게 조명하는지 탐구하고자 한다. 기존의 정형화된 데이터뿐만 아니라, 사진, 영상, SNS 텍스트와 같은 비정형 데이터까지 통합적으로 분석하여 도시의 숨겨진 맥락을 파악하고, 미래 변화를 예측하는 과정을 다룬다.

생성적 적대 신경망(GAN)은 가상 거래 데이터를 생성하여 미래 시나리오를 시뮬레이션 한다. 아울러 GAN은 존재하지 않지만 현실과 구분하기 어려운 가상의 부동산 데이터를 생성하고, 지하철 개통과 같은 인프라 변화가 가져올 미래 가치를 예측하는 시뮬레이션을 수행한다 변분 오토인코더(VAE)의 잠재 공간 개념을 빌려서는 눈에 보이지 않는 부동산 가격의 핵심 요인을 추출하고, 유사한 특징을 가진 부동산들을 군집 화하여 정교한 가치 평가 모델을 구축한다. 또한, VAE는 부동산 가치에 영향을 미치는 잠재 요인을 파악하고, 트랜스포머는 부동산 관련 텍스트 데이터의 감성을 분석하여 시장 트렌드를 읽어낸다.

언어 데이터의 맥락을 이해하는 데 탁월한 트랜스포머 모델(Transformer Model)은 부동산 뉴스, 소셜 미디어의 텍스트를 분석하여 시장의 미묘한 심리와 트렌드를 포착하고, 복잡한 계약서와 법규 문서를 자동으로 해석하는 가능성을 제시한다. 확산 모델(Diffusion Model)은 재개발이나 도시재생 전후의 도시 모습을 시각 화하여 잠재적 가치를 예측하게 한다. 아울러 확산 모델은 노이즈로부터 출발하여 마치 화가가 붓질을 하듯 재개발이나 도시재생 이후의 도시 풍경을 그려내고, 특정 지역의 미래 변화를 시각적으로 구현하여 투자 의사결정에 강력한 인사이트를 제공한다.

이러한 기술들은 단순히 인간 전문가의 역할을 대체하는 것이 아니라, 오히려 전문가들의 통찰력을 강화하는 강력한 도구가 된다. 생성형 AI는 반복적이고 방대한 데이터 처리 작업을 대신함으로써, 전문가들이 더 전략적인 의사결정과 창의적인 분석에 집중할 수 있도록 돕는다. 이 책은 이러한 인간과 AI의 협업 모델을 구상하며, 미래 도시부동산 시장의 새로운 패러다임을 제시한다.

이 책의 내용은 도시부동산 전문가 뿐만 아니라, 미래 도시의 모습을 상상하는 대학생, 그리고 현명한 투자 결정을 내리고자 하는 일반 독자 모두에게 새로운 영감을 줄 것이다. 생성형 AI가 그려낼 '부의 지도'는 더 이상 전문가들만의 전유물이 아니다.

이 책은 생성형 AI가 모든 것을 해결해 줄 것이라는 섣부른 기술 예찬론을 경계한다. 오히려 인공지능이라는 강력한 도구를 이해하고, 비판적으로 수용하며, 창의적으로 활용할 수 있는 미래의 도시부동산 전문가를 위한 지침서가 되고자 한다. AI가 그린 부의 지도를 맹신하는 것이 아니라, 그 지도가 어떤 데이터와 논리로 그려졌는지 꿰뚫어 보고 인간의 통찰력과 결합하여 더 나은 의사결정을 내리는 것, 그것이 바로 이 책이 지향하는 최종 목표이다.

이 지적 탐험에 동참하는 대학생들과 현장의 전문가들, 그리고 우리 삶의 터전인 도시에 애정 어린 호기심을 가진 모든 독자가 생성형 AI가 열어젖힌 새로운 가능성의 최전선에서 미래 도시와 부의 흐름을 읽는 혜안을 얻게 되기를 소망한다. 이제, 데이터와 알고리즘으로 직조된 새로운 부의 지도를 펼쳐볼 시간이다.

차 례

제1장 생성형 AI와 도시부동산 가치평가의 만남

제2장 도시부동산 데이터의 구조와 특징

제 1 장

생성형 AI와 도시부동산 가치평가의 만남

1

생성형 AI(GAN, VAE, 트랜스포머, 확산모델)의 목표, 작동원리 및 기술, 역할, 장단점, 활용예시

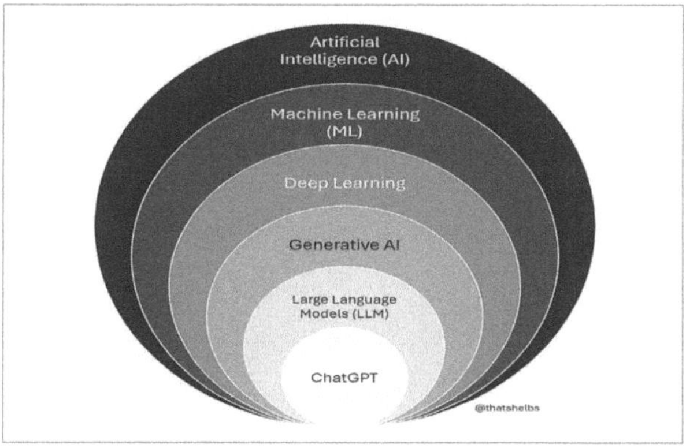

https://www.reddit.com

1.1. 생성형 AI 시대: 예측을 넘어 창조의 시대로

지금까지의 AI가 부동산의 과거 데이터를 학습하여 미래 가격을 '예측'하는 데 중점을 두었다면, 생성형 AI(Generative AI)는 한 걸음 더 나아가 존재하지 않는 데이터를 '창조'하고, 무한한 가능성을 '시뮬레이션'하는 새로운 지평을 열고 있다. 이는 부동산 가치 평가가 단순히 과거의 연장선에서 미래를 점치는 수준을 넘어, 잠재된 가치를 시각화하고, 최적의 개발 방향을 탐색하며, 투자 리스크를 가상으로 검증하는 창의적 활동으로 진화함을 의미한다.

본 장에서는 부동산 가치 평가의 패러다임을 바꾸고 있는 핵심 생성형 AI 모델들, 즉 생성적 적대 신경망(GAN), 변분 오토인코더(VAE), 트랜스포머(Transformer), 그리고 확산 모델(Diffusion Model)이 각각 어떠한 목표와 원리를 가지며, 가치 평가 과정에서 어떤 역할을 수행하는지 심층적으로 분석한다.

1.2. 생성적 적대 신경망 (GAN: Generative Adversarial Network)

1) **목표:** 세상에 존재하지 않지만, 실제와 구분이 어려울 정도로 사실적인 데이터(특히 이미지)를 생성하는 것을 목표로 한다.

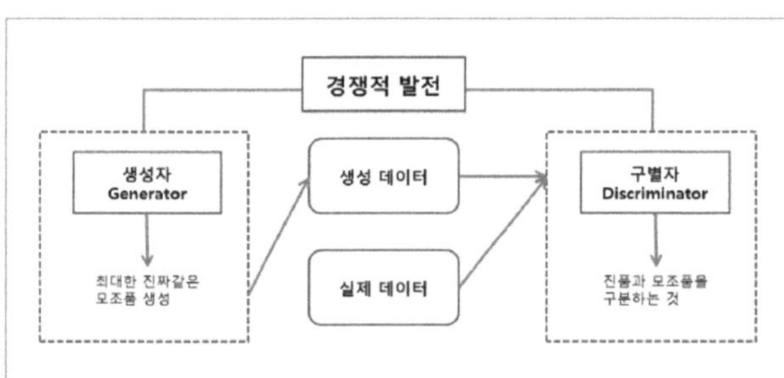

https://blog.skby.net

2) **작동원리 및 기술:** 두 개의 신경망이 서로 경쟁하며 학습하는 독특한 구조를 가진다. '생성자(Generator)'는 위조지폐범처럼 가짜 데이터를 만들어내고, '판별자(Discriminator)'는 경찰처럼 진짜와 가짜를 구별해낸다. 이 경쟁 과정에서 생성자는 점점 더 정교한 가짜를 만들게 되고, 판별자는 더욱 뛰어난 안목을 갖추게 된다. 결국 생성자는 실제와 거의 흡사한 결과물을 만들어내는 수준에 도달한다.

3) **역할:** 부동산의 시각적 가치를 창출하고 잠재력을 시각화하는 '가상 건축가' 또는 '인테리어 디자이너'의 역할을 수행한다.

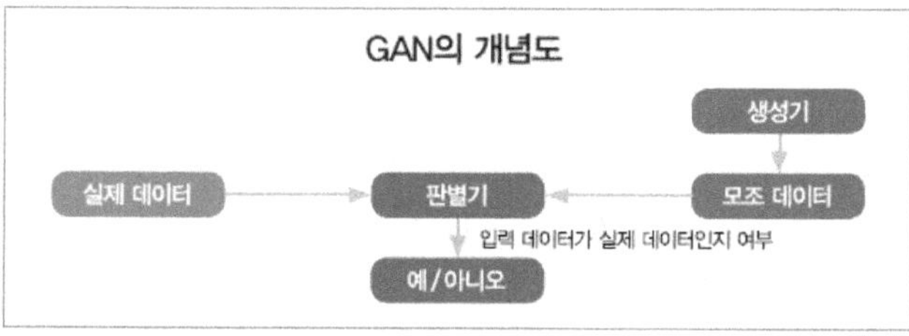

Adversarially Learned Interface에서 재정리, https://ishmaelbelghazi.github.io/ALI

4) **장단점:**

- 장점: 매우 선명하고 사실적인 고품질 이미지를 생성하는 데 탁월하다.
- 단점: 학습 과정이 불안정하여 원치 않는 결과가 나오거나(Mode Collapse), 생성되는 결과물을 세밀하게 제어하기 어렵다.

5) **활용 예시: 가상 스테이징(Virtual Staging)**

텅 비어 있는 낡은 상가 건물의 내부 사진을 입력하면, GAN은 이 공간이 스칸디나비아풍의 미니멀한 카페, 앤티크한 가구로 채워진 고급 레스토랑, 혹은 최신 장비를 갖춘 공유 오피스로 변신했을 때의 모습을 수십 장의 사실적인 이미지로 즉시 생성해낸다. 잠재 투자자나 임차인은 사진만 보고도 공간의 무한한 잠재력을 직관적으로 파악하고 투자를 결정할 수 있다.

1.3. 변분 오토인코더 (VAE: Variational Autoencoder)

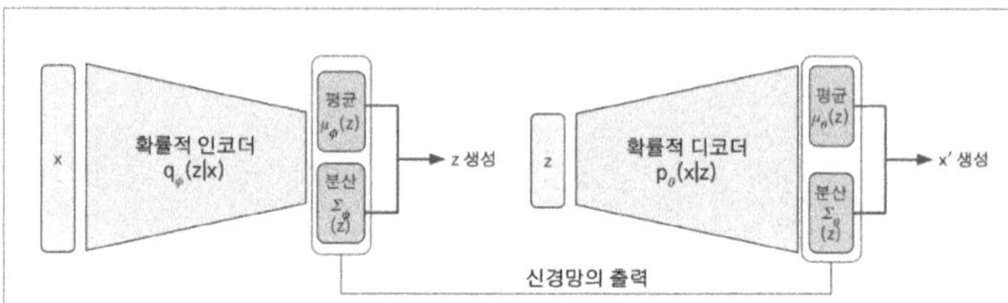

https://velog.io

1) **목표:** 데이터의 핵심적인 특징(잠재 변수, Latent Variable)을 효율적으로 추출하고, 이 특징들을 조합하여 새롭지만 원본과 유사한 데이터를 생성하는 것을 목표로 한다. 데이터의 '본질'을 이해하는 데 중점을 둔다.

2) **작동원리 및 기술:** 데이터를 저차원의 잠재 공간으로 압축하는 '인코더(Encoder)'와, 이 압축된 정보로부터 원본 데이터를 복원하는 '디코더(Decoder)'로 구성된다. 이 과정에서 VAE는 데이터의 핵심 특징들을 학습하게 되며, 이 잠재 공간의 값들을 조금씩 변경함으로써 원본과 비슷하면서도 다양한 변형을 가진 결과물을 생성할 수 있다.

3) **역할:** 부동산의 가치를 결정하는 핵심 요인이 무엇인지 분석하고, 다양한 시나리오에 따른 가치 변화를 탐색하는 '시장 분석가' 역할을 한다.

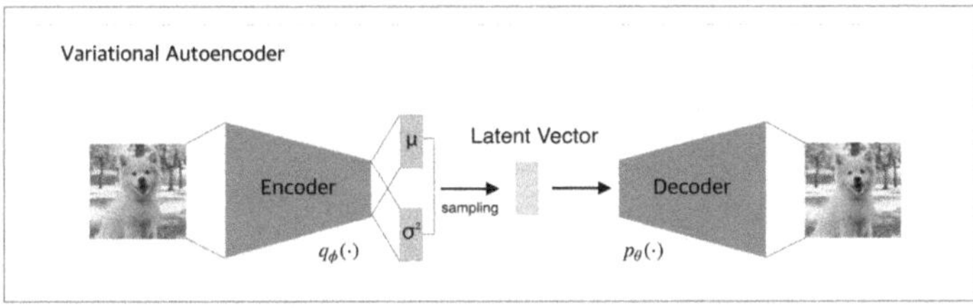

https://blog.naver.com

4) 장단점:

- 장점: 학습이 안정적이며, 잠재 변수 조작을 통해 생성 결과물을 어느 정도 제어할 수 있다.
- 단점: GAN에 비해 생성된 이미지가 다소 흐릿하거나 덜 사실적인 경향이 있다.

5) 활용 예시: 최적 입지 요인 분석 및 유사 매물 생성

서울의 고가 아파트 수만 건의 데이터를 VAE로 학습시킨다. VAE는 '한강 조망', '대규모 공원 인접성', '명문 학군' 등이 가격을 결정하는 핵심 잠재 변수임을 스스로 학습한다. 이후, 특정 지역에 이 핵심 변수들을 가상으로 적용했을 때 예상되는 아파트의 모습과 가치를 시뮬레이션 하거나, 현재 시장에는 없지만 높은 가치를 가질 것으로 예상되는 '가상 최적 매물'을 생성하여 신규 개발 프로젝트의 방향을 설정하는 데 활용한다.

1.4. 트랜스포머 (Transformer)모델

1) 목표: 문장이나 시계열 데이터처럼 순서가 있는 데이터 내의 문맥과 관계를 파악하는 것을 목표로 한다. 특히 데이터 요소들 간의 장기적인 의존성을 이해하는 데 뛰어나다.

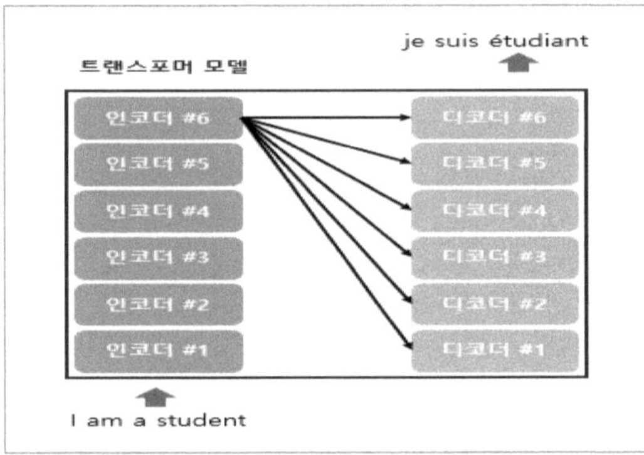

트랜스포머(Transformer) - 딥 러닝을 이용한 자연어 처리 입문
https://www.google.com

2) 작동원리 및 기술: '어텐션(Attention)' 메커니즘이 핵심이다. 이는 문장 속에서 어떤 단어가 다른 단어와 더 중요한 관계를 맺고 있는지에 가중치를 부여하여 문맥을 파악하는 방식이다. 챗GPT(ChatGPT)와 같은 거대 언어 모델(LLM)의 기반 기술로, 방대한 텍스트 데이터의 의미론적 구조를 이해한다.

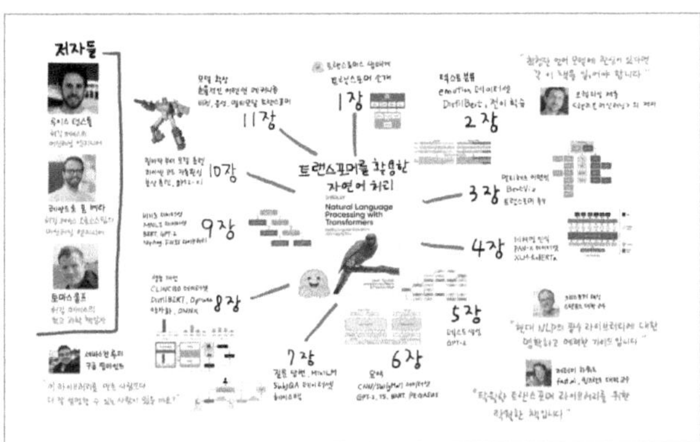

트랜스포머를 활용한 자연어 처리 번역을 마쳤습니다. | 텐서 플로우
https://tensorflow.blog

3) **역할**: 부동산 관련 뉴스, 정부 정책 발표, 온라인 커뮤니티의 여론 등 비정형 텍스트 데이터를 분석하여 시장의 심리와 미래 변화를 예측하는 '정보 분석 전략가'의 역할을 담당한다.

4) 장단점:

- 장점: 데이터의 복잡한 문맥과 뉘앙스를 탁월하게 이해하며, 텍스트 요약, 번역, 보고서 생성 등 활용 범위가 매우 넓다.
- 단점: 학습과 운영에 막대한 양의 데이터와 컴퓨팅 자원을 필요로 한다.

5) **활용 예시: 정책 리스크 및 시장 심리 분석**

정부의 새로운 신도시 계획이나 GTX 노선 연장 발표가 나왔을 때, 트랜스포머 모델은 관련 뉴스 기사, 전문가 칼럼, 지역 부동산 커뮤니티의 게시글 수만 건을 실시간으로 분석한다. 이를 통해 해당 정책에 대한 시장의 기대감, 우려, 잠재적 리스크 등을 종합적으로 판단하고, 특정 지역 부동산 가치에 미칠 영향을 예측하는 심층 분석 리포트를 자동으로 생성하여 투자자에게 제공한다.

1.5. 확산 모델 (Diffusion Model)

1) **목표**: 현재까지 나온 모델 중 가장 고품질의 사실적인 이미지를 생성하는 것을 목표로 한다.

2) **작동원리 및 기술**: 깨끗한 이미지에 점진적으로 노이즈(Noise)를 추가하여 완전히 무작위한 상태로 만든 후, 이 과정을 거꾸로 되돌려 노이즈로부터 원본 이미지를 복원하도록 학습한다. 마치 조각가가 돌덩어리에서 불필요한 부분을 점차 깎아내어 완벽한 조각상을 드러내는 것과 유사하다. 이 '노이즈 제거(Denoising)' 과정을 통해 매우 정교하고 세밀한 결과물을 만들어낸다.

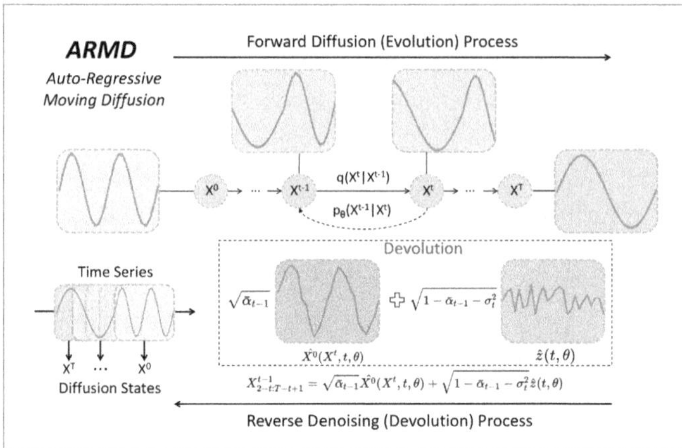

Auto-Regressive Moving Diffusion Models for Time Series Forecasting
https://www.google.com

3) 장단점:

- 장점: 현존 최고 수준의 이미지 품질과 다양성을 자랑하며, 학습 과정이 안정적이다.
- 단점: 이미지를 생성하는 데(추론) 시간이 오래 걸리는 단점이 있었으나, 최근 기술 발전으로 점차 개선되고 있다.

4) 활용 예시: 초고화질 건축 시뮬레이션 및 도시 경관 예측

재개발을 앞둔 노후 저층 주거지 지역의 미래 모습을 시뮬레이션 한다고 가정하자. 건축 설계도면과 '녹지가 풍부한 친환경 주거 단지'라는 텍스트 설명을 확산 모델에 입력하면, 계절의 변화, 시간대별 햇빛의 각도까지 사실적으로 반영된 수십 장의 초 고화질 조감도를 생성한다. 이는 건축 심의 과정이나 주민 설명회에서 마치 미래 도시에 직접 와 있는 듯한 몰입감 높은 경험을 제공하여, 원활한 의사소통과 의사결정을 돕는다.

1.6. 생성형 AI 모델 비교 분석표

구분	생성적 적대 신경망(GAN)	변분 오토인코더 (VAE)	트랜스포머 (Transformer)	확산 모델 Diffusion Model)
목표	실제와 같은 가상 데이터(이미지)를 생성한다.	데이터의 핵심 특징을 추출하고 이를 기반으로 유사 데이터를 생성한다.	순서가 있는 데이터의 문맥과 관계를 파악한다.	최고 품질의 사실적인 이미지를 생성한다.
작동원리 및 기술	생성자와 판별자의 경쟁적 학습을 통해 데이터를 생성한다.	인코더-디코더 구조로 데이터의 잠재 변수를 학습하고 복원한다.	어텐션 메커니즘을 통해 데이터 요소 간의 중요도와 관계를 학습한다.	노이즈를 점진적으로 제거하는 역방향 과정을 통해 이미지를 복원한다.
부동산 분야 역할	가상 건축가, 인테리어 디자이너	시장 분석가	정보 분석 전략가	초고화질 시뮬레이터
장점	선명하고 사실적인 고품질 이미지 생성에 탁월하다.	학습이 안정적이고, 생성 결과물의 제어가 비교적 용이하다.	데이터의 복잡한 문맥과 뉘앙스 파악에 뛰어나며 활용 범위가 넓다.	현존 최고 수준의 이미지 품질과 다양성을 보이며, 학습이 안정적이다.
단점	학습이 불안정하고 결과물 제어가 어렵다.	생성된 이미지가 GAN에 비해 다소 흐릿할 수 있다.	학습 및 운영에 막대한 데이터와 컴퓨팅 자원이 필요하다.	추론(생성) 속도가 상대적으로 느리나, 기술 발전으로 개선되고 있다.
활용 예시	가상 스테이징: 빈 공간의 다양한 인테리어 모습을 생성하여 잠재력을 시각 화한다.	최적 입지 요인 분석: 핵심 가격 결정 요인을 학습하여 가상 최적 매물을 생성한다.	정책 리스크 분석: 뉴스, 여론 등 텍스트를 분석하여 시장 심리 및 정책 영향을 예측한다.	초 고화질 건축 시뮬레이션: 사실적인 조감도를 생성하여 원활한 의사소통을 돕는다.

1.7. 시사점: 인간의 통찰력을 증강시키는 창의적 파트너

GAN, VAE, 트랜스포머, 확산 모델은 각각의 고유한 방식으로 도시부동산 가치 평가의 영역을 확장하고 있다. GAN과 확산 모델이 잠재된 가치를 '보여주고', VAE가 가치의 핵심을 '이해하며', 트랜스포머가 시장의 흐름을 '읽어내는' 동안, 인간 전문가는 이들이 제공하는 통찰력을 바탕으로 최종적인 전략을 수립하고 창의적인 결정을 내린다.

중요한 것은 이들 생성형 AI가 인간을 대체하는 것이 아니라, 인간의 직관과 경험을 데이터 기반의 증거로 뒷받침하고, 상상력의 한계를 뛰어넘는 시뮬레이션 능력을 제공하는 '창의적 파트너'라는 점이다. 생성형 AI라는 새로운 눈을 통해, 우리는 이제 도시와 부동산의 보이지 않던 가치를 발견하는 위대한 여정을 시작하게 된다.

2

도시부동산 가치평가의 전통적 접근법과 한계점의 분석

2.1. 도시부동산 가치평가의 전통적 접근법과 한계점

도시부동산 가치평가는 오랜 기간 동안 감정평가사, 부동산 컨설턴트, 금융기관 등 전문 인력이 주도해왔다. 전통적으로 활용되는 접근법은 크게 비교사례 접근법(Comparative Method), 수익환원 접근법(Income Capitalization Method), 원가 접근법(Cost Method)의 세 가지로 구분된다.

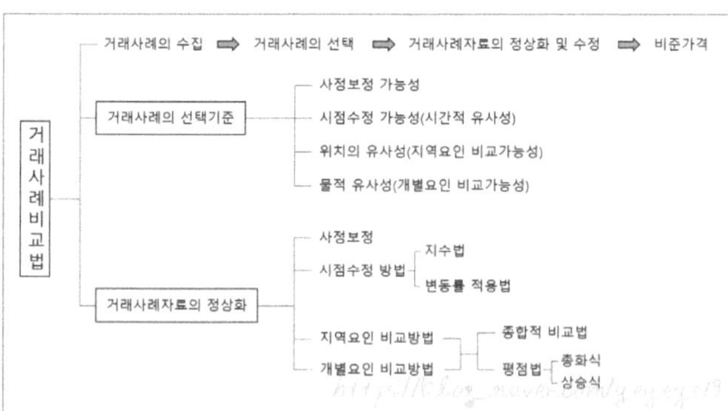

감정평가 3방식 비교방식 중 거래사례비교법 정리, https://m.blog.naver.com

1) **비교사례 접근법**: 유사한 거래사례를 수집하여 가격을 산정하는 방식으로, 실거래가 및 입지여건을 직접 반영한다는 장점이 있다. 그러나 비교 가능한 거래사례가 부족하거나, 공시가격과 실거래가격 간 괴리가 큰 경우에는 정확성이 저하된다.

2) **수익환원 접근법**: 해당 부동산이 창출할 수 있는 미래의 수익을 현재가치로 환산하여 평가한다. 상업용 부동산이나 임대수익이 중요한 자산에서 효과적이지만, 미래 수익을 추정하는 과정에서 경기변동, 정책변화, 소비패턴 변화 등 불확실성이 크게 작용한다.

3) **원가 접근법**: 부동산의 대체원가를 기반으로 가치를 산정하는 방식으로, 토지와 건물의 재조달 비용을 합산한 뒤 감가상각을 반영한다. 주로 신축건물이나 특수 목적 건물에 활용되나, 시장 상황과 무관하게 원가 중심의 평가가 이루어져 거래 현실과 괴리가 발생할 수 있다.

이러한 전통적 방법론들은 데이터의 시의성 부족, 주관적 판단 개입, 복합 요인의 반영 한계라는 구조적 제약을 가진다. 특히, 도시부동산의 가치는 교통 접근성, 주변 상권 변화, 환경 질, 인구 이동 패턴 등 복합적 요소의 상호작용에 의해 결정되지만, 전통적 모델은 이를 정량적으로 통합 분석하는 데 한계를 가진다. 그 결과, 가치 산정 과정에서 '잠재가치'의 과소평가 또는 과대평가가 빈번하게 발생한다.

2.1.1. 전통적 접근법의 가상사례

■ 가상 사례 1 – 비교사례 접근법의 한계

1) **현황**: 서울 A구의 중심상권 내 30평 규모 상가를 평가한다고 가정한다. 최근 6개월간 동일 면적 상가 3건의 실 거래가는 각각 7억 5천만 원, 7억 8천만 원, 8억 원이었다. 이를 평균하여 7억 76백만 원으로 산

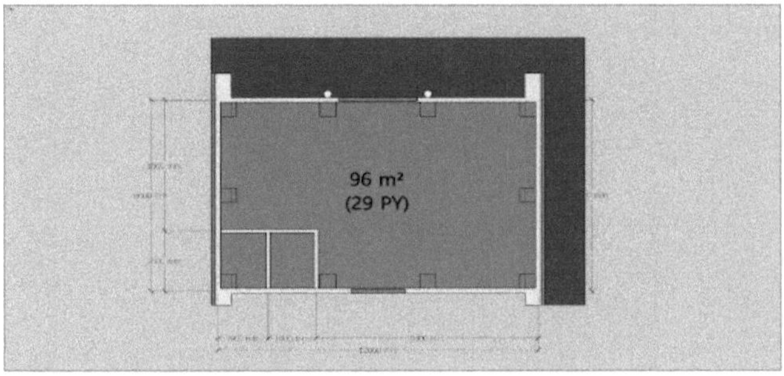

[건축디자인]임대용30평 조립식상가 건축디자인 PORTFOLIO
http://www.well778.co.kr

정하면 해당 상가의 시세가 결정된다.

2) **현안 과제:** 그러나 이 상가는 3개월 전 지하철 신규 역 개통 예정지로 발표된 위치에 있으며, 인근 대형 프랜차이즈 입점 계약이 체결되어 있다. 상권 활성화로 향후 2년 내 유동인구가 35% 증가할 것으로 예측되지만, 비교사례 접근법에서는 이를 반영하지 못한다.

3) **결과:** 결과적으로 해당 상가의 잠재가치는 최소 8억 5천만 원 이상일 가능성이 있으나, 전통적 방식에서는 7억 76백만 원으로 저평가된다.

■ 가상 사례 2 – 수익환원 접근법의 불확실성

1) **현황:** 삼척 B구 해안가에 위치한 리조트형 호텔의 가치를 수익환원 접근법으로 산정한다고 가정한다. 최근 3년간 평균 객실 점유율은 70%, 연평균 순수익은 5억 원이었다. 시장의 평균 자본환원율 7%를 적용하면, 가치는 약 "71억 4천만 원(=5억 ÷ 0.07)"으로 계산된다.

2) **현안 과제:** 그러나 해당 지역은 향후 5년간 기후변화 영향으로 태풍 상륙 빈도가 증가하고, 관광객 수가 감소할 것으로 환경청 보고서에서 예측된다. 반대로, 정부는 동 지역에 대규모 해양문화축제와 국제회의센터 건립 계획을 발표하여 숙박 수요 증가 가능성도 존재한다.

3) **결과:** 결국 수익환원 접근법은 미래 수익의 추정이 다소 낙관적이거나 비관적으로 치우칠 수 있으며, 다양한 불확실성이 가치 산정에 왜곡을 발생시킬 수 있다.

종합하면, 전통적 도시부동산 가치평가 방법은 단일 변수 혹은 제한된 범위의 지표에 의존하는 경향이 강하다. 이는 데이터 수집 및 분석 기술이 제한적이던 시기에는 유효했으나, 오늘날과 같이 다차원 데이터가 실시간으로 축적되는 환경에서는 복합 요인과 미래 시나리오를 반영하지 못하는 치명적 한계를 드러낸다.

따라서 향후 도시부동산 가치평가에서는 교통·환경·인구·상권·정책 데이터를 통합적으로 분석할 수 있는 생성형 AI 기반 모델의 도입이 필수적이다. 이러한 모델은 단순한 과거 사례 참조를 넘어, 잠재가치와 미래 변화를 예측함으로써 정밀하고 역동적인 가치평가를 가능하게 한다.

그리스 산토리니를 닮은 리조트…쏠비치 호텔&리조트 삼척 오픈 | 중앙일보
https://www.joongang.co.kr

2.2. 생성형 AI 기반 도시부동산 가치평가의 한계 극복 방식

생성형 AI(Generative AI)는 기존의 부동산 가치평가 방식이 가진 구조적 한계를 극복하는 데 있어 핵심적인 도구로 부상하고 있다. 전통적 평가방식이 과거 데이터의 단편적 참조와 전문가의 경험적 판단에 의존하였다면, 생성형 AI는 대규모·다차원 데이터의 통합 분석과 미래 시나리오 생성을 통해 보다 정교하고 예측력 있는 평가를 수행한다.

첫째, 다차원 데이터의 통합 처리가 가능하다.

생성형 AI 모델은 교통량, 대중교통 접근성, 상권 변화, 인구 이동 패턴, 기후 데이터, 환경 질 지표, 정책 변화, 온라인 상거래 활성도 등 전통적 접근법에서 개별적으로만 고려되던 데이터를 동시에 학습·분석한다. 이를 통해 부동산 가치에 영향을 미치는 복합 요인의 상호작용을 모델링할 수 있다. 예를 들어, 단순한 "지하철역 개통"이라는 이벤트를 넘어서, 개통 이후 예상 유동인구 증가율, 상권 내 업종별 점유율 변화, 주변 공시지가 변동률, 임대료 상승 추세까지 종합적으로 반영한다.

둘째, 잠재가치와 미래가치의 시뮬레이션이 가능하다.

생성형 AI는 과거와 현재 데이터를 학습한 뒤, 이를 기반으로 미래 시나리오를 생성하고 각 시나리오별 가치 변동 폭을 산출한다. 이 과정에서 GAN(Generative Adversarial Networks)이나 Diffusion 모델과 같은 알고리즘은 부동산의 공간적·시간적 변화를 시각화 함으로써, 향후 가치 상승 또는 하락 가능성을 직관적으로 제시한다. 이는 전통적 평가가 '현재 가치'에 집중하여 잠재력을 과소평가하는 한계를 보완한다.

셋째, 비정형 데이터의 활용이 가능하다.

전통적 접근법은 주로 표·수치 형태의 구조화된 데이터를 기반으로

하지만, 생성형 AI는 뉴스 기사, 정책 보고서, SNS 게시물, 소비자 리뷰, 위성사진, 스트리트 뷰 이미지 등 비정형 데이터를 처리하여 가치평가에 반영한다. 예컨대, 특정 지역의 범죄 뉴스 빈도 감소나 문화행사 증가가 실제 거주 매력도와 가치에 미치는 영향을 실시간으로 반영할 수 있다.

넷째, 정성적 요소의 정량화가 가능하다.

과거에는 경관, 브랜드 가치, 생활 편의성, 지역 커뮤니티 활성도 등 정성적 요소를 평가자의 경험에 의존하여 판단하였으나, 생성형 AI는 이미지 분석, 감성 분석, 네트워크 분석 등을 통해 이를 수치 화하여 가치 산정에 반영한다. 이로써 평가 결과의 객관성과 재현성이 크게 향상된다.

다섯째, 실시간 가치 갱신이 가능하다.

전통적 평가방식은 정기적인 조사와 보고에 따라 시차가 발생하였으나, 생성형 AI는 실거래가, 임대료, 교통량, 상권 매출 등의 실시간 데이터를 학습하여 평가 값을 지속적으로 업데이트한다. 이는 정책 변화나 개발 계획 발표 등 돌발 이벤트에 신속하게 반응할 수 있게 한다.

요약하면, 생성형 AI 기반 도시부동산 가치평가는 데이터 통합 능력, 미래 시뮬레이션 기능, 비정형 데이터 활용, 정성 요소의 정량화, 실시간 업데이트라는 다섯 가지 측면에서 전통적 방법론의 한계를 극복한다. 이러한 특성은 부동산 시장의 불확실성과 복합성을 효과적으로 관리할 수 있는 새로운 패러다임을 제시하며, 도시계획·부동산·도시공학 분야에서 정밀하고 역동적인 가치평가 체계를 구축하는 데 기여한다.

■ 생성형 AI 기반 도시부동산 가치평가의 한계 극복 방식 별 목표, 작동원리 및 기술, 역할, 도시부동산에서 활용 예시

구분	목표	작동 원리 및 기술	역할	도시부동산에서 활용 예시
다차원 데이터의 통합 처리	부동산 가치에 영향을 미치는 복합적 요인의 상호작용을 모델링하여 보다 정교한 평가를 수행한다.	교통량, 상권, 인구, 기후, 정책 등 다양한 데이터를 동시에 학습 및 분석한다.	과거 데이터의 단편적 참조 한계를 극복하고, 가치평가 모델의 예측 정확도를 향상한다.	지하철역 개통 후 예상 유동인구, 상권 변화, 공시지가, 임대료 상승 추세를 종합적으로 예측한다.
잠재가치와 미래가치 시뮬레이션	'현재 가치'에 집중하는 전통적 평가의 한계를 보완하고, 부동산의 잠재가치를 파악한다.	과거 및 현재 데이터를 기반으로 미래 시나리오를 생성하며, GAN, Diffusion 모델 등을 활용해 공간적·시간적 변화를 시각 화한다.	미래 가치 변동 폭을 산출하여 투자 의사결정에 필요한 직관적인 정보를 제공한다.	특정 지역의 도시 개발 계획 발표에 따른 5년 후 예상 부동산 가치 변동 시뮬레이션을 생성한다.
비정형 데이터의 활용	표·수치 형태의 구조화된 데이터 외의 다양한 데이터를 가치평가에 반영하여 평가의 깊이를 더한다.	뉴스 기사, SNS 게시물, 위성사진, 스트리트 뷰 이미지 등 비정형 데이터를 처리하여 가치평가에 반영한다.	정량 화하기 어려운 사회적·환경적 요소를 평가에 반영하여 보다 풍부한 분석을 가능하게 한다.	특정 지역의 범죄율 감소 뉴스나 문화행사 증가 관련 SNS 데이터를 분석하여 거주 매력도 변화와 가치 상승을 예측한다.
정성적 요소의 정량화	평가자의 경험에 의존하던 정성적 요소를 객관적인 수치로 변환하여 평가의 신뢰도를 높인다.	이미지 분석, 감성 분석, 네트워크 분석 등을 통해 경관, 브랜드 가치, 생활 편의성 등의 정성적 요소를 수치 화한다.	주관적인 판단을 배제하고, 평가 결과의 객관성과 재현성을 크게 향상한다.	아파트 단지의 조경 사진을 분석하여 경관 가치를 수치화하고, 커뮤니티 활동 데이터를 분석하여 지역 활성도를 평가한다.
실시간 가치 갱신	정기적인 조사와 보고로 인한 시차 문제를 해결하고, 가치평가 값을 항상 최신 상태로 유지한다.	실거래가, 임대료, 교통량, 상권 매출 등 실시간 데이터를 지속적으로 학습 및 업데이트한다.	시장 변화나 돌발 이벤트에 신속하게 반응하여 시의 적절한 평가 결과를 제공한다.	정책 발표, 개발 계획 등의 뉴스 발생 즉시 관련 지역의 부동산 가치를 실시간으로 업데이트한다.

2.2. 가상사례 – 생성형 AI 기반 가치평가의 보완 효과

■ 가상 사례 1 – 교통 인프라 확충 지역의 상업용 부동산 가치 재 산정

예쁜커피숍인테리어 상가 30평 카페 : 네이버 블로그

1) **현황:** 서울 C구 중심상권에 위치한 연면적 150㎡ 규모의 카페형 상가를 대상으로 비교사례 접근법과 생성형 AI 기반 평가를 병행하였다. 비교사례 접근법은 최근 6개월간 동일 규모·유사 입지 상가의 실거래가 3건(9억 8천만 원, 10억 원, 10억 2천만 원)을 평균하여 10억 원으로 산정하였다.

2) **생성형 AI 모델 분석:** 그러나 생성형 AI 모델은 추가 데이터를 학습하였다.

- 교통 데이터: 1년 후 인근 지하철역 개통 예정, 개통 후 유동인구 28% 증가 예측
- 상권 데이터: 대형 프랜차이즈 2곳 입점 확정, 점포 회전율 감소 추세
- 환경 데이터: 도심 공원 조성으로 보행자 체류시간 증가 예상
- 정성 데이터: SNS 게시물 분석 결과, 해당 지역 방문 의향 긍정 감성 비율 74%

3) **생성형 AI의 GAN모델 기반 시뮬레이션 결과:** GAN모델 기반 시뮬레이션 결과, 개통 이후 2년 내 해당 상가의 임대료가 평균 18% 상승하고, 매출이 25% 증가할 것으로 예측되었다. 이에 따라 AI는 1년 후 기대가치를 10억 8천만 원~11억 2천만 원으로 산정하였다. 이 사례에서 전통적 접근법은 단기 시점의 평균 거래가에 의존하여 잠재가치를 과소평가하였으나, 생성형 AI는 다차원 데이터를 종합적으로 반영하여 정확성과 미래 예측력을 높였다.

■ 가상 사례 2 – 기후 리스크와 관광 수요 변동이 복합적으로 작용하는 해안가 호텔

[라이프 트렌드&] 바다와 솔밭이 한눈에…휴양·레저·미식 아우르는 힐링
https://www.joongang.co.kr

1) **현황:** 부산 D구 해변가에 위치한 150실 규모의 리조트형 호텔의 가치를 수익환원 접근법으로 평가한 결과, 최근 3년 평균 순수익 8억 원과 자본환원율 8%를 적용하여 100억 원으로 산정되었다.

2) **생성형 AI 기반 모델의 데이터 분석 결과:** 그러나 생성형 AI 기반 모델은 다음과 같은 복합 데이터를 분석하였다.

- 기후 데이터: 향후 5년간 태풍 상륙 빈도 15% 증가, 일부 기간 영업 차질 예상
- 정책 데이터: 국제해양박람회 개최, 연간 20만 명 관광객 증가 가능성
- 소셜 데이터: 해외 여행객 온라인 리뷰 분석 결과, 호텔 서비스 만족도 점수 평균 4.6/5
- 이미지 데이터: 위성영상 분석을 통한 해변 침식 속도 및 영향 예측

3) **생성형 AI의 Diffusion 모델 기반 시나리오 생성 결과:** Diffusion 모델 기반 시나리오 생성 결과, 기후 리스크로 인한 매출 손실 가능성은 5년간 최대 8억 원이지만, 국제행사 효과와 서비스 평판 개선으로 인한 매출 증가는 12억 원 이상으로 예측되었다. 종합적으로 AI는 미래 가치 범위를 102억 원~108억 원으로 제시하였다.

이 사례에서 전통적 접근법은 단일 자본환원율 적용으로 기후 위험과 관광 수요 변동을 반영하지 못하였으나, 생성형 AI는 환경·정책·소셜·공간 데이터의 통합 분석을 통해 보다 현실적이고 유연한 가치 범위를 산출하였다.

종합하면, 두 사례 모두 생성형 AI 기반 평가가 전통적 방법의 단일 지표·과거 중심 한계를 보완하고, 다차원 데이터·미래 예측·정성 요소의 정량화를 통해 가치 산정의 신뢰성을 높임을 보여준다. 이러한 접근은 부동산 투자자, 개발자, 정책 입안자 모두에게 미래지향적 의사결정을 지원하는 도구가 될 수 있다.

3

생성형 AI 기반 도시부동산 가치평가의 장점과 단점의 제시와 가상사례

3.1. 생성형 AI 기반 도시부동산 가치평가의 장점과 단점

생성형 AI 기반 도시부동산 가치평가는 대규모 데이터 처리와 예측 모델링을 통해 전통적 평가 방식의 한계를 보완하는 혁신적 접근이다. 그러나 모든 기술이 그러하듯, 장점과 단점이 공존한다.

3.1.1. 장점

첫째, 다차원 데이터 통합 분석이 가능하다. 교통량, 상권 변화, 환경질, 인구 통계, 정책 계획, 소셜 미디어 데이터 등 다양한 유형의 데이터를 동시에 처리하여 가치에 영향을 미치는 복합 요인을 반영할 수 있다.

둘째, 미래 시나리오 기반 예측이 가능하다. 생성형 AI기반의 GAN, Diffusion, Transformer 모델 등을 활용하여 부동산의 잠재 가치와 미래 변동 폭을 다양한 시나리오로 시뮬레이션 할 수 있다.

셋째, 비정형 데이터 활용이 가능하다. 위성사진, 스트리트 뷰 이미지, 뉴스 기사, SNS 게시물, 소비자 리뷰 등 기존 평가에서 배제되던 데이터까지 분석하여 정성적 요소를 정량화 할 수 있다.

넷째, 실시간 가치 갱신이 가능하다. 실거래가, 임대료, 상권 매출, 교통량 등 실시간 데이터를 반영하여 돌발적인 개발 계획 발표나 경제 상황 변화에 즉각 대응할 수 있다.

3.1.2 단점

첫째, 데이터 품질 의존성이 높다. 부정확하거나 편향된 데이터가 입력될 경우, 예측 결과 역시 왜곡될 수 있다.

둘째, 알고리즘의 블랙박스 문제가 존재한다. 복잡한 AI 모델의 의사결정 과정을 완전히 해석하기 어려워, 평가 결과에 대한 신뢰성과 법적 수용성에 제한이 발생할 수 있다.

셋째, 기술 의존성에 따른 취약성이 있다. AI 모델의 설계 오류, 사이버 보안 위협, 시스템 장애 등 기술적 위험이 발생할 경우, 평가 전반이 영향을 받을 수 있다.

넷째, 윤리적·사회적 쟁점이 존재한다. 데이터 프라이버시 침해, 특정 지역이나 집단에 대한 알고리즘 편향 등은 사회적 논란을 유발할 수 있다.

■ **생성형 AI 기반 도시부동산 가치평가의 장점·단점 및 가상사례**

구분	내용	가상사례
장점	다차원 데이터 통합 분석이 가능하다.	서울 E구 상업용 부동산 – 전철역 개통, 상권 입점, 환경개선, 긍정 리뷰 78% 반영 → GAN 기반 1년 후 10억 3천만~10억 7천만 원 예측
	미래 시나리오 기반 예측이 가능하다.	동일 사례에서 다양한 개발 시나리오 반영, 잠재가치 조기 포착
	비정형 데이터 활용이 가능하다.	위성사진·SNS 데이터 분석으로 정성요소 정량화
	실시간 가치 갱신이 가능하다.	실거래가·교통량 변화 즉시 반영
단점	데이터 품질 의존성이 높다.	부산 F구 리조트 호텔 – 마리나 건설 취소 반영 지연 → 예측치(95~102억 원)와 실제 가치(90억 원) 괴리
	알고리즘의 블랙박스 문제 존재	모델 의사결정 경로 해석 한계
	기술 의존성 취약성	시스템 오류·보안 위협 시 평가 마비 가능
	윤리적·사회적 쟁점	데이터 프라이버시 침해, 지역 편향 가능성

3.2. 가상사례

■ 가상 사례 1 – 장점 중심: AI 기반 다차원 데이터 통합 평가

알짜는 40평대 진짜 돈 되는 상가주택 찾는 방법
https://realty.chosun.com

1) 현황: 서울 E구의 연면적 120㎡ 규모 상업용 부동산을 비교사례 접근법과 생성형 AI 기반 평가로 분석하였다.

2) 비교사례 접근법: 인근 유사 상가 3건의 평균 거래가 9억 5천만 원 → 평가가 9억 5천만 원 산출

3) 생성형 AI 분석 데이터:

- 교통 데이터: 신규 전철역 개통(유동인구 32% 증가 예측)
- 상권 데이터: 카페·프랜차이즈 입점 계약 확정
- 환경 데이터: 보행 친화형 거리 조성 계획
- 소셜 데이터: 지역 방문 긍정 리뷰 비율 78%

4) 생성형 AI의 GAN 기반 예측 결과: 생성형 AI의 GAN 기반 예측 결과, 1년 후 가치 범위 10억 3천만 원~10억 7천만 원 산출. 이는 잠재가치를 조기에 반영하여 투자 의사결정을 지원할 수 있음을 보여준다.

■ 가상 사례 2 – 단점 중심: 데이터 품질 의존성의 위험

1) 현황: 부산 F구 해변가 리조트형 호텔을 생성형 AI 기반 가치평가로 분석하였다.

2) 입력 데이터: 3년간 평균 순수익 7억 원, 관광객 수 12% 증가 예측, 신규 마리나 건설 계획 반영

3) AI 예측 결과: 향후 3년 내 가치 범위 95억 원~102억 원 산출

4) 관련 데이터가 모델에 반영되지 않은 오류발생: 그러나 이후 마리나 건설 계획이 취소되었음에도 관련 데이터가 모델에 반영되지 않아, 예측치가 현실과 괴리됨. 실제 시장 가치는 90억 원 수준에 그쳐, 데이터 갱신 지연과 정보 오류가 결과에 직접적인 영향을 미쳤다.

종합하면, 생성형 AI 기반 도시부동산 가치평가는 정확성·예측력·데이터 확장성 측면에서 혁신적 장점을 보유하나, 데이터 품질·모델 해석성·기술 의존성이라는 잠재적 위험을 내포한다. 따라서 실무 적용 시에는 데이터 검증 체계, 알고리즘 해석 가능성 확보, 보안 강화 등 보완 전략이 필수적이다.

4

데이터 기반 도시부동산 가치평가와 인간 전문가의 역할 변화와 가상사례

4.1. 데이터 기반 도시부동산 가치평가와 인간 전문가의 역할 변화

데이터 기반 도시부동산 가치평가는 대규모 정량·정성 데이터의 실시

간 분석을 통해 시장 가치를 산출하는 방식으로, 전통적 평가 접근법과 비교할 때 분석 속도·범위·예측력에서 현격한 차이를 보인다. 특히, 생성형 AI와 결합된 평가 모델은 교통, 상권, 환경, 정책, 인구, 심리 데이터 등 다양한 비정형 데이터를 통합하여 다차원 분석을 수행한다.

이 과정에서 인간 전문가의 역할은 단순한 수치 산정자가 아니라, 데이터 검증자(data validator), 모델 해석자(model interpreter), 전략 제안자(strategy advisor)로 변화한다. 즉, 과거에는 전문가가 평가금액을 '직접' 산출하였다면, 이제는 AI가 생성한 예측 결과를 해석·검증·전략화하는 것이 핵심 업무가 된다.

이러한 변화는 부동산 가치평가 분야의 전문성 구조를 재편하며, 데이터 리터러시와 AI 이해 능력이 핵심 역량으로 부상하게 된다.

4.2. 가상사례

■ 가상 사례 1 – AI 예측과 전문가 전략 결합 사례

1) **사례 개요:** 서울 C구의 85㎡ 규모 주거용 아파트 단지 3동을 대상으로 전통적 평가와 생성형 AI 기반 평가를 병행하였다.

(1) **전통적 비교사례 접근법:** 인근 유사 매물 5건 평균가 = 7억 8천만 원

(2) **AI 분석 데이터:**

- 향후 2년 내 경전철 개통(유동인구 +28% 예측)
- 인근 초등학교 신설 확정
- 지역 커뮤니티 만족도 온라인 리뷰 긍정률 81%
- 위성사진 분석 결과, 공원녹지 확대 계획 확인

(3) **AI 예측 결과:** 2년 후 가치 8억 5천만~8억 9천만 원 범위

(4) **전문가 개입:** AI 예측값 검증 후, 실제 분양·거래 흐름 분석을 통해 '개통 시점 6개월 전 매도' 전략 제안 → 예상 수익률 12% 상승 전망

2) **분석 결과:** AI가 도출한 잠재가치는 데이터 기반의 확률적 산출물이며, 전문가의 전략적 판단이 결합되었을 때 실질 수익 극대화가 가능함을 보여준다.

■ 가상 사례 2 – 데이터 오류 식별과 손실 방지 사례

부산상가나라, https://busansangganara.com

1) **사례 개요:** 부산 K구 해안가 상업용 부동산(연면적 300㎡)의 매입 여부를 검토하였다.

(1) **AI 입력 데이터:**

- 최근 3년간 평균 연매출 9억 원
- 관광객 증가율 15% 지속 예측
- 신규 크루즈 터미널 착공(공식 발표 자료 반영)

(2) **AI 예측 결과:** 향후 3년 가치 24억~26억 원

(3) **전문가 검증 과정:** 현장조사와 지자체 문서 검토를 통해, 크루즈 터미널 사업이 예산 부족으로 '중단' 상태임을 확인

(4) **결과 조정:** AI 예측 값 대비 18% 하락 조정 → 예상가치 19억 5천만 원

(5) **의사결정:** 매입 포기 → 잠재 손실 약 4억 원 방지

2) **분석 결과:** 본 사례는 데이터 기반 평가에서도 인간 전문가의 '사실 검증'과 '현장 해석' 능력이 필수적임을 입증한다. AI 모델은 입력 데이터의 정확성에 따라 결과가 달라지므로, 전문가가 '데이터 필터' 역할을 수행하지 않으면 시장 위험에 노출될 수 있다.

4.3. 시사점

데이터 기반 도시부동산 가치평가는 분석 범위와 예측력을 확장 시켰으나, 인간 전문가의 역할을 대체하지는 않는다. 오히려 AI는 수치 산출의 자동화를 담당하고, 전문가는 데이터 검증·맥락 해석·전략 제안을 담당함으로써 상호 보완적 관계를 형성한다.

향후 부동산 가치평가 분야에서 경쟁력을 갖추기 위해서는, 전문가가 데이터 분석 능력과 AI 이해도를 동시에 보유해야 하며, 현장 경험과 정책·시장 맥락을 AI 분석과 결합하는 통합 역량이 요구된다.

5

도시부동산 전문가와 생성형 AI의 협업 모델 구상과 가상사례

5.1. 도시부동산 전문가와 생성형 AI의 협업 모델 구상

생성형 AI의 부동산 가치평가 활용은 단순한 자동화 기술이 아니라, 전문가와 AI 간의 협업 모델로 발전해야 지속 가능한 성과를 창출할 수

있다. 전통적으로 도시부동산 전문가는 거래사례 비교, 원가 접근, 수익 접근 등 3대 평가기법을 바탕으로 분석을 수행하였으나, 데이터 수집·분석 속도와 범위에서 한계가 존재하였다.

반면 생성형 AI는 비정형 데이터(예: 위성사진, SNS 리뷰, 정책 문서)까지 통합 분석하여 예측력을 높일 수 있으나, 데이터 품질 검증과 사회·정책적 맥락 해석에서는 한계를 가진다.

[협업 모델의 단계 별 프로세스]

1) 데이터 통합 단계: AI가 공공데이터, 상권 데이터, 교통·환경 빅데이터를 실시간 수집·정제한다.

2) 예측 생성 단계: AI가 머신 러닝·시뮬레이션을 통해 가치 범위와 변화 시나리오를 생성한다.

3) 전문가 해석 단계: 전문가가 현장조사와 정책·시장 맥락을 반영하여 AI 결과를 보정한다.

4) 전략 제안 단계: 전문가가 AI 예측과 시장 경험을 결합하여 최적의 매입·매도·개발 전략을 도출한다.

이 모델은 AI의 연산·예측 능력과 전문가의 해석·판단 능력을 결합함으로써, 단독 접근보다 높은 정확도와 시장 적합성을 확보할 수 있다.

5.2. 가상사례

■ 가상 사례 1 – 상권 변화 예측을 통한 수익 극대화

1) 사례 개요: 서울 D구의 노후 상가(연면적 1,200㎡) 매입 여부 검토.

2) AI 분석 결과:

- 1년 내 대형 영화관 입점 확정 → 유동인구 +35% 예측

서울 건물 40% 30년 이상 노후…민간건물은 관리 사각
https://news.kbs.co.kr/

- 인근 지하철역 환승센터 설계 변경으로 접근성 향상
- 온라인 리뷰 긍정률: 72% → 84% 상승 전망
- 예상 2년 후 시세: 58억~61억 원 (현재 시세 50억 원)

3) 전문가 보정:

- 현장조사에서 해당 건물 2층 층고가 낮아 대형 프랜차이즈 입점에 제약 확인
- 예상 시세를 56억~59억 원으로 조정

4) 전략 제안:

- 영화관 개장 3개월 전 외부 리모델링 완료 후 매도 → 예상 수익률 15% 달성 가능

5) 분석: AI는 대규모 상권 데이터 분석을 통해 잠재 가치 상승 요인을 빠르게 식별하였으며, 전문가는 건물 구조적 제약이라는 AI가 놓친 요인을 반영하여 리스크를 최소화하였다.

■ 가상 사례 2 – 개발사업 타당성 재검토를 통한 손실 회피

1) 사례 개요: 부산 H구 해변 인근 부지(면적 3,500㎡) 개발 계획 검토.

2) AI 분석 결과:

- 기후 데이터 분석 결과, 관광객 계절 편차 완화 추세
- 인근 5성급 호텔 착공 소식 반영 → 상업지 가치 18% 상승 전망
- 5년 후 예상 가치: 120억~128억 원

3) 전문가 보정:

- 지자체 계획서 검토에서 호텔 사업이 환경영향평가 문제로 '보류' 상태임을 확인
- 최근 3년간 태풍 피해 복구 비용 평균 2억 원 발생
- 예상 가치를 105억~110억 원으로 하향 조정

4) 의사결정:

- 투자 철회 → 잠재 손실 약 15억 원 회피

5) 분석: AI의 시뮬레이션은 매크로 데이터에 기반하나, 프로젝트 진행 여부·환경 리스크 등 '현장 맥락 데이터' 부재 시 오차가 발생할 수 있다. 전문가의 검증이 필수임을 보여주는 사례다.

도시부동산 분야에서 생성형 AI와 전문가의 협업 모델은 '대체'가 아닌 '상호 보완' 관계로 발전해야 한다. AI는 방대한 데이터를 신속하게 처리·예측함으로써 평가 범위를 넓히고, 전문가는 AI가 제시한 예측 값을 검증·보정하여 의사결정의 정확성과 신뢰성을 확보한다. 궁극적으로 이 협업 구조는 부동산 가치평가의 속도, 정밀성, 시장 적합성을 동시에 향상시키는 핵심 전략이 된다.

6

해외 선진국의 AI 도시부동산 평가 사례 분석

6.1. 해외 선진국에서는 AI가 정책 변화, 환경 리스크, 인구 이동, 산업 트렌드를 반영한 '미래의 도시 가치'를 설계하는 도구로 진화

최근 도시부동산 가치평가 분야는 빅데이터와 인공지능 기술의 접목을 통해 급격한 변화를 맞이하고 있다. 특히 북미, 유럽, 아시아 선진국에서는 전통적 평가방식의 한계를 극복하기 위해 생성형 AI와 예측 알고리즘을 결합한 시스템을 실무에 도입하고 있다.

이러한 시스템은 실거래 데이터, 위성영상, 교통 흐름, 소셜미디어 언급, 정책 문서, 기후데이터 등 이질적이고 방대한 정보를 실시간으로 통합 분석하여 미래의 가치 변동까지 예측하는 특징을 가진다.

미국의 경우, 부동산 플랫폼 기업 Zillow는 'Zestimate'라는 AI 기반 주택가치 추정 모델을 활용하여 전국 1억 건 이상의 주택 데이터를 매일 업데이트한다. 유럽에서는 네덜란드의 Kadaster가 정부 주도 AI 시스템을 운영하여 주택 뿐 아니라 상업·산업 부지의 가치 변동을 시뮬레이션하며, 기후변화와 인프라 투자 시나리오를 동시에 반영한다. 일본은 민간-지자체 협력 모델을 통해 AI 분석과 현장조사를 결합하여 재개발지의 장기적 가치 예측에 활용하고 있다.

이러한 해외 사례들은 AI가 단순히 '현재의 시세'를 계산하는 도구가 아니라, 정책 변화, 환경 리스크, 인구 이동, 산업 트렌드를 반영하여 '미래의 도시 가치'를 설계하는 도구로 진화하고 있음을 보여준다.

■ Zillow 'Zestimate'와 네덜란드 Kadaster의 목표, 작용원리 및 기술, 역할, 장단점, 도시부동산 활용예시

구분	Zillow 'Zestimate' (미국)	Kadaster (네덜란드)
목표	개인 사용자에게 주택의 추정 시장 가치를 제공하여 부동산 거래의 투명성을 높이고, 정보에 기반한 의사결정을 지원하는 것을 목표로 한다.	국가 차원에서 부동산 가치를 공정하고 일관되게 평가하고, 토지 등록 및 관리를 효율화하며, 정부의 정책 수립(세금, 인프라 계획 등)을 지원하는 것을 목표로 한다.
작용 원리 및 기술	머신러닝 알고리즘을 기반으로 공공데이터(매매 이력, 세금 평가액)와 사용자 제출 데이터, 시장 동향 등 방대한 빅데이터를 분석한다. 통계 모델과 컴퓨터 비전 기술을 활용하여 주택의 특성(침실 수, 면적 등)과 사진을 분석하고, 이를 유사 부동산 데이터와 비교하여 가치를 추정한다. 매일 1억 건 이상의 데이터를 자동 업데이트하여 시세 변동을 반영한다.	정부 주도의 AI 시스템을 통해 주택뿐만 아니라 상업·산업용 부지까지 포함하는 포괄적인 부동산 가치 변동을 시뮬레이션 한다. 지리정보시스템(GIS)과 연계하여 부동산의 물리적, 지리적 특성을 분석하고, 기후변화(해수면 상승 등) 및 대규모 인프라 투자와 같은 거시적 정책 시나리오가 부동산 가치에 미치는 장기적 영향을 예측한다.
역할	민간 정보 제공자로서 부동산 시장 참여자(매도자, 매수자, 중개인)에게 시세 참고 정보를 제공하는 역할을 수행한다. 시장의 정보 비대칭성을 해소하고, 개인이 부동산 가치를 쉽게 파악할 수 있도록 돕는다.	공공 데이터 관리 및 정책 지원 기관으로서 국가 부동산 데이터의 기준을 설정하고 관리한다. 정부의 조세 부과, 도시 계획, 국토 관리, 재난 리스크 관리 등 공공 정책 수립에 필요한 핵심 데이터를 생산하고 분석하는 역할을 담당한다.
장점	- 접근성 및 편의성: 누구나 온라인으로 쉽게 특정 주택의 추정 가치를 확인할 수 있다. - 데이터의 신속성: 매일 데이터를 업데이트하여 시장 변화를 빠르게 반영한다. - 방대한 데이터: 미국 전역의 수많은 주택 데이터를 기반으로 하여 광범위한 정보를 제공한다.	- 데이터의 공신력 및 정확성: 정부가 직접 관리하여 데이터의 신뢰도가 높고, 공식적인 평가 기준으로 활용된다. - 정책 연계성: 기후변화, 인프라 등 거시적 변수를 반영한 미래 가치 예측이 가능하여 장기적인 도시 계획 및 정책 수립에 유용하다. - 포괄적 분석: 주거용 부동산을 넘어 상업·산업 부지까지 분석 범위가 넓다.

단점	- 정확도 한계: 추정치이므로 실제 거래 가격과 차이가 발생할 수 있으며, 법적 효력이 없다. - 데이터 의존성: 비공개 거래나 특수한 시장 상황을 정확히 반영하기 어렵다. - 상업적 목적: 플랫폼의 이익을 위한 데이터 활용 가능성이 존재한다.	- 데이터 갱신 주기: Zestimate에 비해 데이터 업데이트가 상대적으로 느릴 수 있다. - 접근성 제한: 일반 대중보다는 정부 및 공공기관 위주의 활용을 목적으로 한다. - 시스템의 복잡성: 다양한 정책 시나리오를 반영하므로 모델이 복잡하고, 결과 해석에 전문성이 요구될 수 있다.
도시부동산 활용 예시	- 개인이 특정 지역의 아파트나 주택 매매를 고려할 때, Zestimate를 참고하여 적정 시세를 파악하고, 매물 가격의 타당성을 검토하는 데 활용된다. - 또한, 부동산 투자자가 지역별 주택 가치 상승률을 비교 분석하여 투자 지역을 선정하는 기초 자료로 사용된다.	- 네덜란드 정부가 특정 해안 지역의 해수면 상승 시나리오에 따른 부동산 가치 하락 위험을 시뮬레이션하여, 방재 인프라 투자 우선순위를 결정하는 데 활용된다. - 또한, 신규 고속도로 건설 프로젝트가 주변 상업 및 산업 부지의 가치에 미치는 장기적인 영향을 예측하여 경제적 타당성을 분석하는 데 사용된다.

6.2. 가상사례

■ 가상 사례 1 – 미국 시애틀의 주거지 가치 예측 프로젝트

시애틀 노스게이트 1,400세대 대규모 재개발 추진 〉 시애틀 뉴스/핫이슈
https://www.seattlen.com

1) **사례 개요:** 시애틀 인근 L구역의 1,500세대 주거지 가격 변동 예측.

2) AI 분석 결과:

- 2년 내 경전철 개통 예정 → 평균 통근 시간 18% 감소
- 인근 테크기업 2곳 신규 캠퍼스 착공 → 고소득 인구 유입률 +12% 예측
- 예상 3년 후 평균 주택가: 78만 달러 → 94만 달러 상승 전망 (상승률 20.5%)

3) 전문가 검증:

- 경전철 공사 지연 리스크 반영 → 상승률 17%로 조정

4) 결과:

- 3년 후 실제 평균 주택가 92만 달러로 예측 오차율 2% 이내 달성.

5) 시사점: AI는 교통 인프라와 산업 투자 데이터를 실시간 반영하여 빠른 가치 상승을 예측하였으며, 전문가의 리스크 조정이 실제 결과와의 정확도를 높였다.

■ 가상 사례 2 – 네덜란드 로테르담 항만 인근 상업지 가치 분석

1) 사례 개요: 항만 재개발 구역 내 상업지 20필지 가치 변화 예측.

2) AI 분석 결과:

- 신항만 물류 허브 완공 시 물류량 +35% 증가 전망
- EU 친환경 물류 보조금 정책 반영 → 상업 임대료 연평균 4.8% 상승 예측
- 5년 후 토지평균가: ㎡당 4,200유로 → ㎡당 5,150유로 상승 전망 (상승률 22.6%)

3) 전문가 검증:

- 일부 필지의 토양 오염 정화 비용(평균 ㎡당 180유로) 반영

• 조정 후 예상가: ㎡당 4,950유로

4) 결과:

• 실제 5년 후 평균가는 ㎡당 4,970유로로 예측과 0.4% 차이.

5) 시사점: AI는 정책·물류 데이터에 기반하여 장기 가치 상승을 예측하였고, 전문가가 환경 리스크를 보완함으로써 고정밀 예측을 달성하였다.

6.3. 해외 선진국의 AI 도시부동산 평가 사례 분석 시사점

해외 선진국의 AI 기반 도시부동산 평가 사례는 다음과 같은 시사점을 제공한다.

첫째, 다차원 데이터 통합 능력은 가치평가의 시·공간 범위를 획기적으로 확장한다.

둘째, 전문가의 해석·보정 과정은 AI 예측의 신뢰성을 제고하는 필수 단계이다.

셋째, AI는 단기 가격 평가를 넘어 미래의 도시 구조 변화와 가치 흐름을 예측하는 전략적 도구로 활용되어야 한다.

제2장

도시부동산 데이터의 구조와 특징

1

주거용·상업용 부동산 데이터의 속성과 형식의 설명과 가상사례

과거에는 전문가의 직관과 경험에 의존해왔던 부동산 가치 평가는 이제 도시가 내뿜는 무수한 데이터를 이해하고 해석하는 영역으로 넘어가고 있다. 특히, 생성형 AI의 등장은 이러한 데이터의 잠재력을 폭발시키는 기폭제가 된다.

생성형 AI는 단순히 숫자를 계산하는 것을 넘어, 데이터에 담긴 맥락과 스토리를 읽어내고, 이를 바탕으로 미래의 가치를 '생성'하고 '제안'하는 수준에 이르렀다. 이 놀라운 기술의 잠재력을 이해하기 위한 첫걸음은 AI의 언어, 즉 부동산 데이터의 속성과 형식을 이해하는 것이다

1.1. AI의 눈으로 본 부동산 데이터: 속성과 형식의 이해

생성형 AI가 부동산의 가치를 평가하기 위해서는 먼저 학습할 재료, 즉 데이터가 필요하다. 이 데이터는 크게 정형 데이터(Structured Data)와 비정형 데이터(Unstructured Data)로 나뉜다.

1) 정형 데이터(엑셀 시트처럼 명확한 규칙에 따라 정리된 숫자나 문자로 구성된 데이터)

엑셀 시트처럼 명확한 규칙에 따라 정리된 숫자나 문자로 구성된 데이터를 의미한다. '전용면적 84㎡', '준공연도 2018년', '지하철역까지 350m' 와 같이 명확하게 정의되고 측정 가능한 값들이 여기에 해당한다.

2) 비정형 데이터('채광이 우수하고 인테리어가 깔끔함'과 같은 텍스트, 아파트 단지의 전경 사진, 상권의 활기를 보여주는 위성 이미지나 동영상 등이 모두 비정형 데이터)

정해진 규칙 없이 존재하는 모든 형태의 데이터를 포함한다. 부동산 설명 글에 포함된 '채광이 우수하고 인테리어가 깔끔함'과 같은 텍스트, 아파트 단지의 전경 사진, 상권의 활기를 보여주는 위성 이미지나 동영상 등이 모두 비정형 데이터이다. 과거에는 분석이 어려웠던 이 비정형 데이터야 말로 생성형 AI가 그 진가를 발휘하는 영역이다.

■ **생성형 AI 기반 도시부동산의 가치를 평가 시 정형데이터와 비정형데이터의 목표, 기술, 역할, 장단점, 도시부동산 활용예시**

구분	정형 데이터 (Structured Data)	비정형 데이터 (Unstructured Data)
목표	객관적이고 계량 화된 지표를 통해 부동산의 기본적인 가치를 정밀하게 측정하는 것을 목표로 한다.	수치로 표현하기 어려운 정성적, 맥락적 요소를 분석하여 가치 평가의 깊이와 정확성을 더하는 것을 목표로 한다.
기술	전통적인 통계 분석, 회귀 분석, 머신러닝 알고리즘 등을 활용하여 데이터 간의 상관관계를 분석한다.	자연어 처리(NLP), 컴퓨터 비전, 생성형 AI 모델을 통해 텍스트, 이미지, 영상 등의 의미와 맥락을 분석한다.
역할	부동산 가치 평가 모델의 기본적인 골격을 형성하며, 객관적인 비교 기준을 제공하는 핵심적 역할을 수행한다.	정형 데이터만으로는 파악하기 힘든 부동산의 고유한 특성, 잠재적 가치, 주변 환경의 질적 측면을 반영하여 평가를 보완하고 고도 화하는 역할을 담당한다.
장점	장점: 분석 및 처리가 용이하고 객관성이 높다. 단점: 시장의 미묘한 변화나 부동산의 질적 특성을 반영하기 어렵다.	장점: 풍부하고 심층적인 정보를 제공하여 가치 평가의 정확도를 높인다. 단점: 데이터 수집 및 분석이 복잡하고, 주관적 해석의 개입 가능성이 존재한다.
도시부동산 활용예시	전용면적(㎡), 준공연도, 층수, 지하철역과의 거리(m) 등 명확하게 수치 화된 데이터를 활용한 시세 예측 모델을 구축한다.	위성 이미지를 분석하여 특정 지역의 상권 활성화 정도를 파악하고, 매물 설명 텍스트에서 '채광 우수', '인테리어' 등 가치 상승 요인을 추출하여 평가에 반영한다.

1.1.1. 주거용 부동산 데이터의 핵심 속성

주거용 부동산의 가치는 '안락한 삶'이라는 본질적 가치에 얼마나 부합하는가에 따라 결정된다. AI는 다음의 속성들을 종합적으로 학습하여 가치를 판단한다.

1) 물리적 속성 (정형):

• 전용면적/공급면적 (m2): 공간의 크기

• 준공연도 및 경과년수: 건물의 노후도

- 층수 (해당층/전체층): 로열층 여부, 조망권과 직결
- 구조: 방/욕실 수, 베이(Bay) 수, 복도식/계단식
- 주차: 세대당 주차 대수

2) 입지적 속성 (정형):

- 교통: 지하철역/버스정류장까지의 거리(m), 도보 시간(분)
- 학군: 초등학교 배정 정보, 학교까지의 거리
- 편의시설: 대형마트, 백화점, 병원 등과의 접근성
- 환경: 공원, 녹지, 하천 등과의 인접성

3) 맥락적 속성 (비정형):

- 텍스트: 부동산 매물 설명 (예: "남향", "파노라마 한강뷰", "최근 리모델링 완료")
- 이미지: 아파트 외관, 내부 인테리어 사진, 단지 조경 사진
- 사회적 인식: 특정 아파트 브랜드에 대한 평판, 지역 커뮤니티의 평가

■ **주거용 부동산 데이터의 핵심 속성**

구분	핵심 속성	설명 및 세부 항목
물리적 속성 (정형)	전용면적/공급면적	공간의 크기를 나타내는 객관적 지표가 된다.
	준공연도 및 경과 년수	건물의 노후도를 판단하는 기준이 된다.
	층수 (해당층/전체층)	로열층 여부 및 조망권 확보와 직접적인 관련을 가진다.
	구조	방/욕실 수, 베이(Bay) 수, 복도식/계단식 구조 등을 포함한다.
	주차	세대당 주차 대수로 주차의 편의성을 평가한다.

입지적 속성 (정형)	교통	지하철역, 버스정류장까지의 거리(m) 및 도보 시간(분)으로 측정된다.
	학군	배정 초등학교 정보 및 학교까지의 거리를 포함한다.
	편의시설	대형마트, 백화점, 병원 등 주요 시설과의 접근성을 의미한다.
	환경	인근 공원, 녹지, 하천 등 쾌적성과 관련된 요소로 평가된다.
맥락적 속성 (비정형)	텍스트	"남향", "파노라마 한강뷰", "최근 리모델링 완료" 등 매물 설명에 포함된 정성적 정보를 의미한다.
	이미지	아파트 외관, 내부 인테리어, 단지 조경 등 시각적 데이터를 포함한다.
	사회적 인식	특정 아파트 브랜드 평판이나 지역 커뮤니티의 평가 등 사회적 가치를 나타낸다.

1.1.2. 상업용 부동산 데이터의 핵심 속성

상업용 부동산의 가치는 '수익 창출 능력'에 초점을 맞춘다. 따라서 데이터의 속성 역시 주거용과는 다른 관점에서 구성된다.

1) 물리적 속성 (정형/비정형):

- 전용면적/계약면적 (m2): 영업 공간의 크기
- 전면 길이(m) 및 가시성: 대로변에 얼마나 넓게 접해 있는지
- 층수: 1층의 가치가 일반적으로 가장 높음
- 건물 상태 및 디자인 (비정형): 건물의 외관, 최신 트렌드 반영 여부

2) 입지 및 상권 속성 (정형/비정형):

- 유동인구: 시간대별, 요일별, 성별/연령별 유동인구 데이터
- 접근성: 교통 결절점(환승역 등)으로부터의 거리
- 주변 업종 구성(MD Mix): 경쟁 및 보완 업종의 분포
- 앵커 테넌트(Anchor Tenant) 유무: 스타벅스, 올리브영 등 집객 효과가 큰 점포의 존재

- 상권 평판 (비정형): "MZ세대가 찾는 핫플레이스", "오피스 직장인 상권" 등의 텍스트 정보

3) 경제적 속성 (정형):

- 주변 시세: 인근 상가의 평당 임대료(/m2), 권리금, 매매가
- 공실률: 해당 상권 및 건물의 공실률
- 추정 매출: 카드사 데이터 등을 활용한 주변 유사 업종의 매출액

■ **상업용 부동산 데이터의 핵심 속성**

구분	핵심 속성	설명 및 세부 항목
물리적 속성	전용면적/계약면적	실제 영업이 이루어지는 공간의 크기를 나타낸다.
	전면 길이 및 가시성	대로변에 넓게 접하여 고객의 눈에 잘 띄는 정도를 평가한다.
	층수	일반적으로 1층의 가치가 가장 높게 평가되며, 층수에 따라 가치가 차등 적용된다.
	건물 상태 및 디자인 (비정형)	건물의 외관, 노후도, 최신 트렌드 반영 여부 등 질적 요소를 포함한다.
입지 및 상권 속성	유동인구	시간대, 요일, 성별, 연령별 유동인구 데이터를 통해 상권의 활성도를 측정한다.
	접근성	환승역 등 교통 결절점으로부터의 거리로 고객 접근 편의성을 판단한다.
	주변 업종 구성 (MD Mix)	상권 내 경쟁 및 보완 관계에 있는 업종의 분포를 분석한다.
	앵커 테넌트(Anchor Tenant) 유무	스타벅스 등 집객 효과가 큰 핵심 점포의 존재 여부로 상권의 매력도를 평가한다.
	상권 평판 (비정형)	"MZ세대 핫플레이스", "오피스 상권" 등 텍스트로 표현되는 상권의 정체성을 의미한다.
경재적 속성	주변 시세	인근 상가의 평당 임대료(㎡당), 권리금, 매매가 등 시장 가격 정보를 포함한다.
	공실률	해당 상권 및 건물의 공실률을 통해 상권의 안정성 및 침체 위험을 분석한다.
	추정 매출	카드사 데이터 기반의 주변 유사 업종 매출액을 통해 수익성을 예측한다.

1.2. 가상사례로 체험하는 생성형 AI의 가치 평가

이제 가상의 생성형 AI 평가 모델 '밸류-크리에이터(Value-Creator)'가 실제 데이터를 바탕으로 어떻게 부동산의 가치를 분석하고 생성하는지 두 가지 사례를 통해 살펴보자.

■ 가상 사례 1 – 신혼부부를 위한 첫 아파트 가치 분석

1) 의뢰: 서울시 AI구 데이터동에 위치한 '미래팰리스' 아파트 301동 1201호의 적정 가치를 평가하고, 잠재적 가치 상승 요인을 알려줘.

2) '밸류-크리에이터'의 분석 과정:

3) 데이터 입력 (정형 & 비정형)

구분	데이터 속성	값 (가상 수치)
정형	주소	서울시 AI구 데이터동 100, 미래팰리스 301동 1201호
	전용면적	84.98 m(제곱) (국민 평형)
	준공연도	2019년 (준신축)
	층수	12층/ 25층
	교통	3호선 데이터역 도보 8분 (650m)
	학군	AI초등학교 배정 (단지 내 위치)
	주변 시세	최근 3개월 동일 평형 실거래가 평균 16.2억 원
비정형	매물 설명	"정남향, 막힘 없는 시티 뷰, 판상형 4Bay 구조로 환기 우수. 집주인 거주로 관리상태 최상"
	이미지	거실 창으로 보이는 개방감 있는 도시 전경 사진, 깔끔한 내부 인테리어 사진

4) AI의 추론 및 가치 생성 (밸류-크리에이터의 사고)

(1) 기본 가치 산정: "동일 평형 실거래가 평균 16.2억 원을 기준점으로 설정한다."

(2) 가치 상승 요인 분석:

- (정형 데이터 기반): "2019년 준공으로 건물 감가상각이 적다. 25층 중 12층은 소음과 조망권 측면에서 선호도가 높은 중층(로열층)에 해당하여 약 +2%의 가치 프리미엄이 예상된다. 단지 내 초등학교 위치(초품아)는 영유아 자녀를 둔 가구에 절대적인 선호 요인으로, 약 +5%의 추가 가치를 부여할 수 있다."
- (비정형 데이터 기반): "'정남향', '판상형 4Bay'는 주거 만족도와 직결되는 핵심 키워드다. 과거 거래 데이터를 분석한 결과, 동일 단지 내에서도 북향이나 타워형 구조 대비 평균 3~4% 높은 가격에 거래된 패턴이 확인된다. '관리상태 최상'이라는 텍스트와 깔끔한 내부 사진은 별도의 수리비가 들지 않는다는 신호로, 잠재 매수자에게 긍정적 요인으로 작용한다. '막힘 없는 시티 뷰'는 조망권 프리미엄을 의미하며, 이는 약 +3%의 가치 상승을 정당화한다."

(3) 가치 하락 및 리스크 분석: "데이터역까지 도보 8분은 초역세권은 아니지만, 도보 가능 거리로 큰 감점 요인은 아니다. 다만, 향후 인근에 신규 대단지 아파트 공급 계획(가상)이 확인되므로, 이는 단기적인 가격 상승을 제한할 수 있는 요인이다."

5) 최종 평가 및 제안 (밸류-크리에이터의 결과)

평가 결과: 귀하가 의뢰한 미래팰리스 301동 1201호의 적정 가치 평가액은 16억 8,000만 원 ~ 17억 3,000만 원으로 산출된다. 이는 기준 시세 16.2억 원에 "초 품아, 로열층, 구조, 조망 권, 관리상태 등의 복합적인 프리미엄(약 8~10%)"이 반영된 결과이다.

6) 미래 가치 제언: 현재 아파트의 가치는 매우 우수하다. 다만, 2년 후

인근 '메타시티' 단지(5,000세대)의 입주가 시작되면 일시적인 가격 조정이 있을 수 있다. 하지만 장기적으로는 메타시티 입주로 인해 주변 인프라가 더욱 확충되고 상권이 활성화되면서 동반 가치 상승이 기대된다. 따라서 단기 시세 변동에 흔들리기보다 장기적 관점의 접근이 유효하다.

■ 가상 사례 2 – 청년 창업가를 위한 카페 입지 가치 분석

수원 행리단길 맛집, 경양카츠 | 트립닷컴 수원

1) 의뢰: '트렌드길'이라 불리는 상권에 작은 카페를 창업하려 한다. 1층 코너에 위치한 전용면적 40m2 상가의 가치를 평가하고, 성공 가능성을 진단해줘.

2) '밸류-크리에이터'의 분석 과정:

3) 데이터 입력 (정형 & 비정형)

구분	데이터 속성	값 (가상 수치)
정형	주소	서울시 크리에이티브구 트렌드 길 77-1, 1층
	전용면적	40 m(제곱)
	유동인구(주말)	20,000명/일 (시간대별: 14~17시 피크)
	유동인구(연령)	20대 45%, 30대 30% (MZ세대 집중)

	주변 임대료	반경 100m 내 1층 상가 월 임대료 평균 12만 원/m2
	경쟁 업종	반경 200m 내 카페 8개 (대형 프랜차이즈 1개, 개인 카페 7개)
비정형	상권 정보	소셜미디어(인스타그램) '트렌드 길' 해시태그 게시물 5만 건 이상, "개성 있는 편집 샵과 맛집이 많아 주말 데이트 코스로 유명"
	이미지	해당 상가의 코너 위치를 잘 보여주는 로드 뷰 이미지, 통유리로 된 외관 사진

4) AI의 추론 및 가치 생성 (밸류-크리에이터의 사고)

(1) 적정 임대료 산출: "주변 평균 임대료(12만 원/m2)를 기준으로, 월 480만 원(40m2 * 12만 원)이 기준선이다. 하지만 해당 매물은 가시성이 극대화되는 '코너' 위치이므로, 약 +15%의 임대료 프리미엄이 형성될 수 있다. 따라서 적정 월 임대료는 550만 원 내외로 추정된다."

(2) 상권 매력도 및 성공 가능성 분석:

(3) 정형 데이터 기반: "주말 기준 2만 명의 유동인구는 매우 매력적이다. 특히, 구매력이 높고 SNS 활동이 활발한 20~30대가 전체의 75%를 차지하는 것은 카페 업종에 최적화된 환경이다. 다만, 반경 200m 내에 이미 8개의 카페가 존재하여 경쟁이 매우 치열하다. 이는 시장이 형성되어 있다는 증거이기도 하지만, 차별화 전략이 없다면 생존이 어렵다는 강력한 신호이다."

(4) 비정형 데이터 기반: "인스타그램 해시태그 수와 '데이트 코스'라는 키워드는 이 상권이 단순한 유동인구만 많은 곳이 아니라, '목적성'을 가진 소비자들이 방문하는 곳임을 의미한다. 통유리 외관과 코너 위치는 '사진 찍기 좋은 카페', 즉 인스타그래머블(Instagrammable)한 공간으로 브랜딩 하기에 최적의 물리적 조건을 갖추었다."

5) 최종 평가 및 제언 (밸류-크리에이터의 결과)

(1) **평가 결과:** 귀하가 검토 중인 상가의 적정 월 임대료는 530만 원 ~ 580만 원 수준이다. 이 상가는 높은 유동인구와 명확한 타겟 고객층(MZ세대)을 보유한 A급 입지로 평가된다.

(2) **성공 전략 제언:** 단순한 커피 판매만으로는 치열한 경쟁에서 우위를 점하기 어렵다. 생성형 AI가 제안하는 성공 전략은 다음과 같다.

- 컨셉 제안: '갤러리 카페' 또는 '시그니처 디저트 전문점'. 통유리 외관을 활용해 내부 공간 자체가 포토존이 되도록 디자인하고, 매달 신진 작가의 작품을 전시하여 방문의 명분을 제공한다. 혹은 이 상권의 다른 카페에서는 맛볼 수 없는 독창적이고 시각적으로 화려한 디저트를 개발하여 SNS 바이럴을 유도해야 한다.
- 경쟁 분석: "인근 프랜차이즈 카페는 표준화된 맛과 공간을 제공하지만, 개성이 부족하다. 나머지 개인 카페들의 메뉴와 인테리어 컨셉을 추가로 분석하여, 비어있는 시장(Niche Market)을 공략하는 포지셔닝이 필요하다."

종합하면, 두 가지 가상사례에서 보았듯, 생성형 AI는 단순히 과거의 데이터를 정리하는 것을 넘어선다. 정형 데이터로 뼈대를 잡고, 비정형 데이터로 살을 붙여 부동산이라는 대상에 대한 입체적이고 총체적인 이해를 가능하게 한다. AI는 숫자에 담긴 욕망을 읽어내고, 사진에 숨겨진 가치를 발견하며, 텍스트에서 미래의 트렌드를 예측한다.

이것은 인간 전문가의 종말을 의미하는 것이 아니다. 오히려 인간과 AI의 환상적인 협업 시대가 열렸음을 의미한다. 전문가는 AI가 제공하는 깊이 있는 데이터 기반의 통찰력을 활용하여 더 높은 차원의 창의적 의사결정을 내릴 수 있다. AI가 도시의 복잡한 데이터를 해석하는 최고의 분석가라면, 인간은 그 분석을 바탕으로 도시의 미래를 디자인하는 최종 설계자가 되는 것이다.

2

위치, 용도, 환경, 시장 트렌드 등 주요 변수의 도시부동산에 대한 영향력 분석과 가상사례

2.1. 도시의 운명을 결정하는 코드, 변수를 해독하다

모든 도시부동산의 가치는 눈에 보이지 않는 여러 힘의 상호작용으로 결정된다. 마치 복잡한 컴퓨터 프로그램을 움직이는 코드처럼, 위치, 용도, 환경, 시장 트렌드라는 핵심 변수들은 부동산의 현재 가치를 규정하고 미래의 운명을 조각한다.

과거에는 뛰어난 전문가가 경험과 직관으로 이 변수들의 미묘한 관계를 어림짐작했다면, 이제 생성형 AI는 방대한 데이터를 학습하여 각 변수가 가치에 미치는 영향을 계량적으로 분석하고, 변수들의 조합이 만들어낼 미래 시나리오까지 시뮬레이션 하는 경지에 이르렀다.

AI에게 있어 도시의 부동산은 단순한 건물이나 땅이 아니라, 수많은 변수가 얽힌 다차원 방정식이다. 지하철역과의 거리 1미터가 가치에 미치는 영향, 공원의 조망권이 임대료에 부여하는 프리미엄, 새로운 소비 트렌드가 상권의 흥망에 미치는 파급력 등을 AI는 냉철한 숫자로 변환한다.

2.2. 부동산 가치의 4대 핵심 변수: AI는 무엇을 보는가?

생성형 AI는 인간의 직관을 넘어, 각 변수가 지닌 고유한 힘과 다른 변수와의 관계성을 파악하여 가치를 평가한다.

2.2.1. 위치 (Location): 모든 가치의 시작점

부동산에서 위치의 중요성은 절대적이다. AI는 위치를 절대적 위치와 상대적 위치로 나누어 분석한다.

1) **절대적 위치**: 지리적 좌표 자체의 고유성. 특정 행정구역(예: 서울시 강남구)에 속했다는 사실만으로 부여되는 기본 가치가 있다.

2) **상대적 위치**: 다른 주요 시설과의 접근성. 이것이 가치 평가의 핵심이다.

   (1) **교통 접근성**: 지하철, 버스, 도로망 등 주요 교통 인프라와의 연결성. AI는 단순히 '역세권'으로 판단하지 않고, '3호선과 9호선 환승역인 A역의 5번 출구에서 도보 4분(320m) 거리'와 같이 구체적인 데이터로 가치를 환산한다.

   (2) **편의시설 접근성**: 학교(특히 초등학교), 병원, 대형마트, 공원 등 생활 필수 시설과의 거리.

   (3) **업무지구 접근성**(JBD, Job-Business District): 강남, 광화문, 여의도 등 주요 업무지구까지의 출퇴근 시간. 이는 주거용 부동산의 수요를 결정하는 강력한 변수이다.

2.2.2. 용도 (Land Use): 땅의 운명을 결정하는 규제

모든 땅은 법률에 의해 그 쓰임새, 즉 용도가 정해져 있다. 이는 건물의 종류, 크기(용적률, 건폐율), 높이 등을 제한하며 부동산 가치에 결정적인 영향을 미친다.

(1) **주거용:** 쾌적성과 안정성이 가치의 핵심.

(2) **상업용:** 수익성과 집객력이 가치의 핵심.

(3) **공업용:** 생산성과 물류 효율성이 가치의 핵심. AI는 현재의 용도뿐만 아니라, 미래의 용도 변경 가능성을 매우 중요한 변수로 학습한다. 예를 들어, 현재는 저밀도 주거지역이지만 미래에 상업지역으로 용도 상향이 계획된 곳이라면 AI는 현재 가치에 미래의 잠재적 개발 이익을 가산하여 평가한다.

2.2.3. 환경 (Environment): 가치를 더하는 무형의 자산

환경 변수는 물리적인 수치로 측정하기 어려운 경우가 많아 전통적인 평가에서는 간과되기 쉬웠으나, 생성형 AI는 비정형 데이터를 분석하여 이를 가치에 반영한다.

(1) **자연환경:** 공원, 강, 산 등의 조망권(View), 녹지 비율, 공기의 질, 일조량 등. AI는 위성사진과 로드 뷰 이미지를 분석하여 '한강 파노라마 뷰'와 '공원 옆 동네'의 가치 차이를 정량 화한다.

(2) **인문·사회적 환경:** 지역의 안전(CCTV 밀도, 범죄율 데이터), 교육 수준, 소음 및 진동 수준, 동네의 전반적인 분위기(예: '조용한 주택가' vs '활기찬 대학가'). AI는 뉴스 기사, 지역 커뮤니티 게시글 등을 분석하여 이러한 정성적 요소를 평가에 포함시킨다.

2.2.4. 시장 트렌드 (Market Trend): 시대의 흐름을 읽는 눈

부동산은 거시 경제와 사회 문화적 흐름에 민감하게 반응하는 자산이다. AI는 과거 데이터 패턴 학습을 통해 미래를 예측한다.

(1) **거시 경제 지표:** 금리, 경제 성장률(GDP), 통화량, 정부 정책(대출 규제, 세금 정책) 등. 금리 인상은 일반적으로 부동산 수요를

위축시켜 가격 하락 요인으로 작용한다.

(2) **인구 통계 및 라이프스타일 변화:** 1~2인 가구의 증가, 재택근무 확산, 친환경 라이프스타일 선호, 특정 세대(예: MZ세대)의 소비 패턴 등. AI는 이러한 트렌드가 특정 유형의 부동산(예: 소형 오피스텔, 테라스가 있는 주택)의 수요를 어떻게 변화시키는지를 분석한다.

■ **부동산 가치의 4대 핵심 변수와 AI의 핵심 분석 내용**

대분류	세부 구분	AI의 핵심 분석 내용
위치 (Location)	절대적 위치	지리적 좌표의 고유성을 분석하며, 특정 행정구역(예: 서울시 강남구)에 속함으로써 부여되는 기본 가치를 평가한다.
	상대적 위치 (교통 접근성)	'역세권'과 같은 단순 개념을 넘어, 특정 노선 및 출구로 부터의 도보 시간, 거리(m) 등 구체적인 데이터로 가치를 정밀하게 환산한다.
	상대적 위치 (편의시설 접근성)	학교, 병원, 대형마트, 공원 등 생활 필수 시설과의 물리적 거리를 가치 평가의 중요 변수로 반영한다.
	상대적 위치 (업무지구 접근성)	강남, 광화문 등 주요 업무지구(JBD)까지의 출퇴근 시간을 측정하여 주거용 부동산의 핵심 수요를 결정하는 변수로 활용한다.
용도 (Land Use)	용도별 가치 핵심	주거용(쾌적성), 상업용(수익성), 공업용(생산성) 등 법률로 정해진 용도에 따른 핵심 가치 기준을 적용하여 평가한다.
	미래 용도 변경 가능성	현재의 용도뿐만 아니라, 미래의 용도 상향 등 변경 가능성을 학습하여 잠재적 개발 이익을 현재 가치에 가산하여 평가한다.
환경 (Environment)	자연환경	위성사진, 로드 뷰 등 비정형 데이터를 분석하여 공원, 강, 산 등의 조망권, 녹지 비율, 일조량 같은 자연 요소를 정량적 가치로 변환한다.
	인문·사회적 환경	뉴스 기사, 지역 커뮤니티 게시글 등을 분석하여 범죄율, 교육 수준, 소음, 지역 평판 등 측정하기 어려운 정성적 요소를 평가에 포함시킨다.

시장 트렌드 (Market Trend)	거시 경제 지표	금리, 경제 성장률(GDP), 정부의 부동산 정책 등 거시 경제 변수가 부동산 시장에 미치는 영향을 패턴 학습을 통해 분석하고 예측한다.
	인구 통계 및 라이프스타일 변화	1~2인 가구 증가, 재택근무 확산 등 사회 문화적 변화가 특정 유형 부동산의 수요에 미치는 영향을 분석하여 미래 가치를 예측한다.

2.3. 가상사례로 체험하는 생성형 AI의 변수 영향력 분석

가상의 AI 모델 '어반-스코프(Urban-Scope)'가 주요 변수들을 어떻게 종합하여 부동산의 숨겨진 가치를 읽어내는지 두 가지 사례를 통해 알아보자.

■ 가상 사례 1 – 용도변경 잠재력을 품은 구도심 공장 부지

두 배 뛴 정비소 임대료에 짐 싸 반짝 팝업에 밀려난 수십년 생업 [성수동]
https://news.nate.com

1) **의뢰:** 서울시 성동구의 폐공장 부지(10,000m2). 현재 가치와 미래 개발 시 가치를 종합적으로 분석해줘.

2) '어반-스코프'의 변수 분석 및 시뮬레이션:

3) 데이터 입력 및 변수 분석

변수	현황 (As-Is) 분석	잠재력 (To-Be) 분석
위치	- 지하철 2호선 역에서 1.2km (도보 18분) - 주변은 노후 공장 밀집	- 3년 후 신설 예정인 경전철역 출구 바로 앞 (초역세권) - 인근 대규모 지식산업센터 입주로 고소득 직장인 유입 예상
용도	- 일반공업지역 - 용적률 250%, 건폐율 60% - 현재 가치: 평당 2,000만 원	- 지구단위계획 수립 시 준주거지역으로 용도 상향 가능성 높음 - 용적률 500% 상향, 주상복합 건축 가능
환경	- 소음, 분진 등 환경 열악 - 녹지 공간 전무	- 부지 내 중앙공원(3,000m2) 조성 계획 반영 - 인접한 중랑 천 수빈 공원과의 보행로 연결
시장 트렌드	- 제조업 쇠퇴로 공장 가동률 저하	- 직주근접을 선호하는 1~2인 가구 증가 - 성수동 효과: 공장을 개조한 카페, 스튜디오 등 문화공간 확산

4) AI의 추론 및 가치 시뮬레이션

(1) **현재(As-Is) 가치 평가:** "현재 공업지역 용도와 열악한 입지, 환경을 고려할 때, 부지의 총 가치는 약 600억 원(10,000m2/3.3m2 * 2,000만 원) 수준이다. 이는 토지의 물리적 가치에 국한된다."

(2) **미래(To-Be) 가치 생성:** "AI 시뮬레이션 결과, 경전철 개통과 용도 상향이 현실화될 경우, 이 부지는 최고급 주상복합 단지로 탈바꿈할 잠재력을 가진다.

- 위치 프리미엄: 신설 역세권 프리미엄으로 토지 단가가 최소 2배 이상 상승할 것이다.
- 용도 프리미엄: 용적률 500%를 적용하면 총 연면적 50,000m2의 건축이 가능하다. 주변 신축 아파트 시세(평당 6,000만 원)와 상가

가치를 고려한 총 분양수익은 약 1조 원으로 추산된다.

- 환경/트렌드 프리미엄: 중앙공원과 수변공원 접근성, '성수동 효과'를 반영한 문화적 가치는 아파트 분양가에 약 10~15%의 추가 프리미엄을 부여할 것이다."

5) 최종 평가 및 제언 (어반-스코프의 결과)

(1) **종합 분석**: 해당 공장 부지는 현재 600억 원의 가치를 지니지만, 이는 잠재력의 10%도 반영하지 않은 수치이다. 위치, 용도, 환경, 트렌드 4대 변수가 모두 긍정적으로 변화하는 '가치 폭발'의 임계점에 있다

(2) **미래 가치 예측**: 3~5년 후 성공적으로 개발이 완료될 경우, 이 부지의 총자산가치는 최소 2,500억 원 이상으로 평가된다. 이는 토지 가치 상승과 개발 이익을 모두 포함한 수치이다.

(3) **최적 개발 전략**: 단순한 아파트 단지를 넘어, 저층부에는 "공장의 역사성을 살린 특색 있는 상업시설(F&B, 편집샵)"을, 고층부에는 고소득 직장인을 타겟으로 한 소형 고급 주거 공간을 배치하는 복합 개발이 가장 높은 부가가치를 창출할 것이다.

■ 가상 사례 2 – 오래된 동네 단독주택의 가치 재해석

1) **의뢰**: 마포구 연남동 주택가에 위치한 30년 된 2층 단독주택. 계속 거주해야 할지, 아니면 다른 활용법이 있을지 가치를 진단해줘.

2) '어반-스코프'의 변수 분석 및 시뮬레이션:

3) 데이터 입력 및 변수 분석

변수	데이터 분석 및 해석
위치	- 홍대입구역에서 도보 12분. 주거지로는 다소 멀지만, 연트럴파크 상권에서는 도보 3분 거리.

용도	- 제2종일반주거지역. 법적으로는 주택만 가능하지만, 주변에 암묵적으로 상업화가 진행 중.
환경	- (과거): 조용한 주택가. - (현재): 주말 낮에는 관광객 소음, 주차 문제 발생. 밤에는 비교적 조용. 가치의 이중성 존재.
시장 트렌드	- (SNS 데이터 분석): 인스타그램에서 해당 골목이 '연남동 숨은 맛집'으로 태그되는 빈도수가 최근 1년간 500% 증가. - (라이프스타일): 대형 프랜차이즈보다 작고 개성 있는 개인 상점을 선호하는 소비 트렌드 확산.

4) AI의 추론 및 가치 시뮬레이션

(1) **주거 가치**(Residential Value) **분석**: "30년 된 노후 주택으로, 건물 자체의 가치는 낮다. 주거 환경 측면에서는 소음 등으로 인해 쾌적성이 감소하여 전통적인 주거 가치는 정체 또는 하락세에 있다. 현재 시세는 약 15억 원으로 추정된다."

(2) **상업 잠재 가치**(Commercial Potential Value) **분석**: "AI가 SNS 데이터와 유동인구 패턴을 분석한 결과, 이 주택의 입지는 단순 주거지가 아닌 예비 상업지로서의 성격이 매우 강하다.

- 트렌드 분석: '숨은 맛집' 키워드의 급증은 이 지역이 포화상태인 연트럴파크 중심 상권의 대안으로 부상하고 있음을 의미한다.
- 수익 시뮬레이션: 해당 주택을 리모델링하여 1층을 카페나 소품샵으로 임대할 경우, 예상 월 임대수익은 500만 원~700만 원 수준이다. 이는 일반 주택 월세(200만 원 수준)의 3배에 달한다. 이를 역산한 부동산의 수익가치는 22억 원에 육박한다."

5) 최종 평가 및 제언 (어반-스코프의 결과)

- 가치 진단: 귀하의 주택은 '주거 자산'에서 '수익형 상업 자산'으

로 가치의 본질이 전환되는 변곡점에 위치한다. 현재의 주거 가치는 15억 원이지만, 시장 트렌드와 숨겨진 입지적 잠재력을 반영한 최대 잠재 가치는 22억 원으로 평가된다.

6) **최적 활용 전략:**

(1) **가치 극대화 방안:** 1층은 상가로, 2층은 주거 공간으로 활용하는 '홈어라운드(Home-around)' 모델을 제안한다. 1층을 트렌디한 카페나 식당으로 리모델링하여 임대수익을 창출하고, 2층은 직접 거주하거나 별도 임대하여 안정적인 현금 흐름을 확보하는 전략이다.

(2) **리스크 고지:** 상업화가 가속될수록 거주 환경의 질은 더 하락할 수 있다. 또한, 지자체의 단속 등 정책적 리스크가 존재하므로, 용도에 맞는 정식 허가 절차를 반드시 고려해야 한다.

종합하면, 도시부동산의 가치는 고정된 실체가 아니라, 살아 숨 쉬며 끊임없이 변화하는 가능성 그 자체이다. 생성형 AI는 위치, 용도, 환경, 시장 트렌드라는 네 개의 강력한 변수가 서로 어떻게 영향을 주고받으며 새로운 가치를 창조하는지를 우리 눈앞에 보여준다. AI는 단순한 계산기를 넘어, 도시의 미래를 예측하고 다양한 시나리오를 미리 살아보는 '도시 시뮬레이터'의 역할을 수행하기 시작했다.

3

비정형 데이터(사진, 동영상, 텍스트)의 도시부동산 가치평가 활용 방안과 가상사례

3.1. 숫자를 넘어 도시의 감성과 맥락을 읽다

전통적인 부동산 가치 평가는 숫자로 이루어진 세계에 머물러 있었다. 면적, 층수, 거리 등 명확히 계량 화되는 정형 데이터는 평가의 굳건한 뼈대였지만, 부동산의 진정한 가치를 결정하는 생생한 살, 즉 그곳의 분위기, 아름다움, 사람들의 이야기와 같은 비정형 데이터는 전문가의 주관적인 영역으로 남아 있었다. 그러나 이제 생성형 AI, 특히 컴퓨터 비전(Computer Vision)과 자연어 처리(NLP) 기술은 이 보이지 않는 가치의 영역에 혁명적인 변화를 가져오고 있다.

AI는 이제 사진 속 창밖 풍경을 '보고' 한강 뷰의 가치를 정량 화하며, 동영상 속 거리의 활기를 '느끼고' 상권의 잠재력을 측정한다. 또한, 수만 개의 온라인 리뷰와 뉴스 기사를 '읽고' 특정 동네에 대한 사람들의 미묘한 감정과 미래의 발전 가능성을 꿰뚫어 본다.

3.2. AI의 새로운 눈: 비정형 데이터의 해석과 활용

생성형 AI는 비정형 데이터를 세 가지 주요 방식으로 분석하여 부동산 가치에 대한 새로운 차원의 정보를 추출한다. 생성형 AI는 이미지, 동영상, 텍스트 등 비정형 데이터에 내재된 맥락과 의미를 분석하여, 기존의 정형 데이터 분석만으로는 파악하기 어려웠던 부동산의 질적 가치를 정량화한다.

1) 이미지/동영상 데이터: '보는 것이 믿는 것'의 정량화

AI의 컴퓨터 비전 기술은 픽셀 너머의 의미를 해석한다.

(1) **조망권 (View) 분석**: 특정 아파트의 거실 창 사진을 분석하여, '북향 시티뷰'인지 '남향 파노라마 한강뷰'인지를 식별한다. 나아가 수천 개의 과거 거래 데이터를 학습하여, 조망의 종류(강, 공원, 산, 도시)와 개방감 수준(막힘 없는, 부분적)에 따라 부여되는 프리미엄을 $x%$와 같이 정확한 수치로 계산해낸다.

(2) **인테리어 및 상태 분석**: 내부 사진을 통해 '기본 수리', '최근 리모델링', '디자이너 시공' 등을 구분한다. 사용된 마감재(대리석, 원목 등)나 특정 브랜드의 빌트인 가전을 인식하여 건물의 감가상각을 상쇄하는 가치 상승 요인을 찾아낸다.

(3) **주변 환경 및 분위기 분석**: 드론 영상이나 로드 뷰 이미지를 통해 단지 내 조경 수준, 거리의 청결도, 낙후된 건물의 비율, 거리의 활기(유동인구) 등을 종합적으로 평가하여 '쾌적한 주거 환경' 또는 '활기찬 상업 지구'와 같은 정성적 요소를 점수 화한다.

2) 텍스트 데이터: 여론과 정보 속에서 가치를 캐내다

AI의 자연어 처리(NLP) 기술은 텍스트에 담긴 의도와 감정을 파악한다.

(1) **부동산 매물 설명 분석**: "주인 직접 거주하여 관리 최상", "특급 올수리", "역세권 중 가장 조용한 라인"과 같은 긍정적 키워드와 "전세 안고 매매", "일부 누수 흔적 있음" 같은 부정적 키워드를 추출하여 가치에 반영한다.

(2) **뉴스 및 정책 문서 분석**: "A지역 GTX-D 노선 신설 확정", "B지구 재개발 계획 발표"와 같은 뉴스 기사를 실시간으로 분석하여, 공식적으로 발표되기 전부터 잠재적 호재를 포착하고 미래

가치 상승분을 예측 모델에 반영한다.

(3) **소셜 미디어 및 온라인 커뮤니티 분석:** 인스타그램, 블로그, 지역 맘카페 등의 게시글을 분석하여 특정 지역이나 아파트 단지에 대한 여론(Sentiment Analysis)을 파악한다. '#망리단길맛집', '#성수동핫플'과 같은 해시태그의 빈도와 긍정/부정 감성 비율을 통해 눈에 보이지 않는 상권의 '힙함(Hipness)' 지수를 측정하고, 이를 상업용 부동산 가치에 직접 연결한다.

■ 생성형 AI의 비정형 데이터 해석 및 활용 방식

데이터 유형	주요 분석 항목	AI의 분석 및 활용 방식
이미지/동영상 데이터	조망권(View) 분석	사진을 통해 '파노라마 한강 뷰' 등 조망의 종류와 개방감을 식별하고, 과거 데이터를 학습하여 조망권 프리미엄을 정량적 수치(%)로 계산한다.
	인테리어 및 상태 분석	내부 사진을 통해 '최근 리모델링', '디자이너 시공' 등 상태를 구분하고, 사용된 고급 마감재나 빌트인 가전을 인식하여 가치 상승 요인을 도출한다.
	주변 환경 및 분위기 분석	드론 영상, 로드뷰를 종합하여 단지 조경, 거리 청결도, 상권 활기 등을 평가하고, '쾌적성'과 같은 정성적 요소를 객관적인 점수로 변환한다.
	부동산 매물 설명 분석	매물 설명에서 "관리 최상", "올수리" 등 긍정적 키워드와 "누수 흔적" 등 부정적 키워드를 추출하여 가치 평가 모델에 가감 요인으로 반영한다.
텍스트 데이터	뉴스 및 정책 문서 분석	"GTX 노선 신설", "재개발 계획 발표" 등 뉴스 기사를 실시간으로 분석하여, 잠재적 개발 호재를 선반영하고 미래 가치 상승분을 예측한다.
	소셜 미디어 및 커뮤니티 분석	소셜 미디어 게시글과 해시태그를 통해 특정 지역에 대한 여론(Sentiment)을 분석하고, 상권의 트렌디함(Hipness)을 지수화하여 상업용 부동산 가치에 연동시킨다.

3.3. 가상사례로 체험하는 비정형 데이터의 마법

이제 가상의 생성형 AI 모델 '인사이트- 파인더(Insight-Finder)'가 비정형 데이터를 활용하여 어떻게 인간의 직관을 뛰어넘는 평가를 내리는지 살펴보자.

■ 가상 사례 1 – 같은 아파트, 다른 가격의 비밀을 푸는 AI

용산구 원효로 1가 아파트 시온캐슬, https://blog.naver.com

1) 의뢰: 서울 용산구 '리버팰리스' 아파트의 두 세대. 전용면적(114m2), 층수(21층) 등 모든 정형 데이터가 동일하지만, A세대는 35억 원, B세대는 28억 원에 매물로 나왔다. 이 7억 원의 차이를 비정형 데이터를 기반으로 설명해줘.

2) '인사이트-파인더'의 비정형 데이터 분석:

3) 데이터 입력 (이미지 & 텍스트)

구분	A세대 (35억 원)	B세대 (28억 원)
이미지	- (조망): 거실 통창으로 보이는 막힘없는 한강과 노들섬 파노라마 뷰 사진. - (내부): 이탈리아산 대리석 바닥, 독일제 주방 가전, 유명 건축가의 시그니처 조명이 담긴 인테리어 사진.	- (조망): 단지 내 다른 동과 시티뷰가 보이는 사진. - (내부): 표준적인 강화마루 바닥과 국산 브랜드 빌트인. 10년 전 준공 당시의 기본 마감재.

텍스트	- (설명글): "한강 영구 조망권 보장", "유명 디자이너 000의 작품", "세대 전체 올 리모델링 완료"	- (설명글): "정상 입주 가능", "기본 수리 상태", "시티뷰 조망"

4) AI의 추론 및 가치 분석

(1) **조망권 가치 정량화:** "A세대의 '한강 영구 조망권' 이미지를 과거 용산구 및 성동구의 수천 건의 한강변 아파트 거래 데이터와 비교 분석한다. 그 결과, 유사 조건에서 한강 조망권은 비조망 세대 대비 평균 18~25%의 가격 프리미엄을 형성하는 것으로 확인된다. B세대의 '시티뷰'는 프리미엄 요인이 아니다. 따라서 조망권에서 발생하는 가치 차이는 약 "5.6억 원(28억 원 X 20%)"으로 추산된다."

(2) **인테리어 가치 정량화:** "A세대의 내부 사진에서 식별된 이탈리아산 대리석, 특정 독일 브랜드 주방가전, 디자이너 조명 등의 정보를 바탕으로 리모델링 비용을 역산출한다. 시장 데이터를 기반으로 추정한 A세대의 인테리어 잔존 가치는 약 1.5억 원이다. B세대의 인테리어는 내용연수 경과로 잔존 가치가 거의 없다."

(3) **텍스트 분석:** "A세대의 '디자이너 작품'이라는 키워드는 단순한 리모델링을 넘어 '희소성'과 '심미적 가치'를 부가하는 요소로, 추가적인 가치 상승 요인으로 작용한다."

5) 최종 평가 (인사이트-파인더의 결과)

종합 분석: 두 세대의 가격 차이 7억 원은 주관적 판단이 아닌, 데이터에 기반한 명확한 차이이다.

(1) **조망권 가치 차이:** 약 5.6억 원

(2) **인테리어 가치 차이:** 약 1.5억 원

총 7.1억 원의 가치 차이가 비정형 데이터를 통해 객관적으로 설명된다. A세대의 가격은 시장가격에 부합하며, 오히려 희소성을 고려할 때 추가 상승 여력도 존재한다.

■ 가상 사례 2 – SNS 데이터로 '힙한 상권'의 미래가치 발굴

1) **의뢰:** 종로구 익선동의 좁은 골목 안, 낡고 작은 한옥 상가. 건축물대장 상 가치는 낮지만, 최근 임대료가 급등하고 있다. 이 현상을 분석하고 미래가치를 예측해줘.

2) '인사이트-파인더'의 비정형 데이터 분석:

3) 데이터 입력 (텍스트 & 이미지 - 소셜 미디어 중심)

구분	데이터 종류	분석 결과 (가상 수치)
텍스트	인스타그램 분석	- #익선동한옥마을, #익선동데이트 해시태그 수: 최근 1년 간 300% 증가. - 관련 게시물 감성 분석: 긍정 92%, 중립 5%, 부정 3%. '레트로', '분위기', '인생샷' 키워드 빈도수 급증.
	블로그/뉴스 분석	- 'MZ세대가 열광하는 새로운 핫플레이스', '과거와 현재가 공존하는 이색 공간' 등 긍정적 기사 다수 포착.
이미지	인스타그램 이미지 분석	- 해당 골목을 배경으로 한 인물 사진(인증샷)이 전체 이미지의 70% 차지. - 한옥을 개조한 카페, 식당, 액세서리 가게의 개성 있는 인테리어 사진 다수. - 야간 조명 아래 골목의 운치 있는 분위기를 담은 사진이 높은 '좋아요' 수를 기록.

4) AI의 추론 및 가치 분석

(1) **상권 매력도 지수화:** "단순 유동인구가 아닌, '목적성 있는 방문객'이 급증하고 있다. SNS 데이터는 이 지역이 단순한 통로가 아니라, 소비와 경험을 위한 '목적지'로 변모했음을 증명한다. 이를 기반으로 '소셜 버즈 지수'를 산정한 결과, 3개월 전 45점에서 현재 88점으로 수직 상승했다. 이는 가로수길, 성수동의

초기 성장 패턴과 매우 유사하다."

(2) **미래 임대료 예측:** "현재의 임대료 급등은 이러한 '힙함'의 가치가 반영되는 과정이다. 소셜 버즈 지수와 과거 유사 상권의 임대료 상승률(CAGR) 데이터를 바탕으로 시뮬레이션한 결과, 향후 2년간 연평균 15~20%의 추가 임대료 상승이 예측된다."

(3) **리스크 분석:** "다만, '젠트리피케이션' 심화로 인한 임대료 과다 상승 및 이로 인한 기존 상인의 이탈 가능성도 텍스트 데이터에서 일부 감지된다. 이는 장기적 관점에서 상권의 동력을 저해할 수 있는 리스크 요인이다."

5) **최종 평가** (인사이트-파인더의 결과)

(1) **종합 분석:** 해당 한옥 상가의 가치는 건물의 물리적 상태가 아닌, '익선동'이라는 무형의 브랜드와 그곳을 채우는 '힙한 분위기'에 있다. 건축물대장 상의 가치는 3억 원에 불과할 수 있으나, 비정형 데이터를 통해 분석한 상업적 잠재력과 미래 수익 가치를 반영한 현재 시장 가치는 최소 8억 원 이상으로 평가된다.

(2) **투자 전략 제언:** 이 상가는 MZ세대를 타겟으로 하는 체험형, F&B, 패션/소품 관련 업종에 최적화되어 있다. 단기적으로 높은 임대수익률을 기대할 수 있으나, 장기적으로는 젠트리피케이션 리스크를 고려하여 상권 전체의 지속가능성을 해치지 않는 방향의 운영 전략이 필요하다.

종합하면, 생성형 AI의 등장은 부동산 가치 평가를 '산수'의 영역에서 '해석학'의 영역으로 끌어올렸다. AI는 이제 차가운 숫자 뒤에 숨겨진 인간의 욕망, 감성, 그리고 시대의 정신을 읽어낸다. 사진 한 장, 텍스트 한 줄에서 도시의 새로운 스토리를 발견하고 그 잠재적 가치를 우리에게 속

삭여준다. 이처럼 비정형 데이터를 이해하고 활용하는 능력은 미래의 도시 전문가와 부동산 투자자에게 필수적인 역량이 될 것이다..

4

도시부동산 관련 데이터 수집 과정에서의 공공 데이터와 민간 데이터의 차이 비교와 가상사례

4.1. 도시의 뼈대와 혈액, 두 종류의 데이터를 만나다

생성형 AI라는 강력한 엔진이 도시부동산의 가치를 분석하기 위해 사용하는 연료는 바로 '데이터'이다. 그런데 이 데이터는 단일한 성격을 갖지 않는다. 마치 도시가 단단한 뼈대인 도로와 건물, 그리고 그 안을 흐르며 생명을 불어넣는 혈액인 사람들로 구성되듯, AI가 활용하는 데이터 역시 크게 두 종류로 나뉜다. 바로 국가가 제공하는 "공공 데이터(Public Data)"와 민간 기업이 수집하는 "민간 데이터(Private Data)"이다.

공공 데이터가 부동산의 공식적인 '이력서'이자 '신분증'이라면, 민간 데이터는 그 부동산 주변에서 벌어지는 '실시간 생활'이자 '활력 지수'라 할 수 있다. 어느 한쪽만으로는 도시의 진짜 모습을 온전히 파악할 수 없다.

AI는 데이터의 출처와 성격에 따라 역할을 구분하여, 공공 데이터로 가치의 기준선을 설정하고 민간 데이터로 시장의 역동성을 반영함으로써 부동산을 입체적으로 분석한다. 생성형 AI의 진정한 힘은 이 두 이질적인 데이터를 융합하여, 과거의 사실 위에서 현재의 맥락을 읽고 미래의 가능성을 예측하는 데서 발현된다.

4.2. 공공 데이터 vs. 민간 데이터: AI의 두 가지 렌즈

AI는 두 종류의 데이터를 서로 다른 렌즈로 활용하여 부동산을 입체적으로 조망한다.

4.2.1. 공공 데이터 (Public Data): 신뢰성의 기반, 도시의 골격

공공 데이터란 정부 및 공공기관이 법적 절차에 따라 수집, 관리하고 공개하는 데이터를 의미한다. 이는 모든 분석의 가장 기초가 되는 '사실(Fact)'의 영역이다.

1) 특징:

(1) **높은 신뢰성과 안정성**: 법적 효력을 가지는 공식 데이터로, 오류가 적고 일관성이 있다.

(2) **포괄성과 공익성**: 특정 지역이나 계층에 치우치지 않고, 국가 전체를 대상으로 균일하게 수집된다.

(3) **정적(Static) 및 과거 지향성**: 데이터의 갱신 주기가 월, 분기, 연 단위로 비교적 길어, 현재 시점보다는 과거의 확정된 사실을 보여준다.

2) 주요 예시:

(1) **국토교통부 실거래가 공개 시스템**: 계약이 완료된 실제 거래 가격.

(2) **건축물대장/토지대장**: 건물의 층수, 면적, 허가일, 토지의 지목, 소유권 등 공식 정보.

(3) **토지이용계획확인원**: 주거지역, 상업지역 등 땅의 용도에 대한 법적 규제.

(4) **공시지가/공시가격**: 정부가 세금 부과 등을 위해 매년 발표하는 공식적인 땅과 주택의 가격.

4.2.2. 민간 데이터 (Private Data): 역동성의 원천, 도시의 활력

민간 데이터란 통신사, 카드사, 부동산 플랫폼 등 민간 기업이 영업 활동을 통해 수집하고 가공하여 제공하는 데이터를 말한다. 이는 시장의 '현재'를 가장 빠르고 생생하게 보여주는 역할을 한다.

1) 특징:

(1) **뛰어난 실시간성과 역동성:** 데이터가 일간, 시간 단위로 생성되어 시장의 미세한 변화를 즉각적으로 포착할 수 있다.

(2) **다양성과 구체성:** 카드 매출, 유동인구, 검색량, 소셜 미디어 버즈 등 공공 데이터가 담지 못하는 다채로운 정보를 포함한다.

(3) **상업적 목적성:** 수익 창출을 위해 수집되므로, 특정 목적에 매우 유용하지만 데이터의 범위나 공개 수준에 제한이 있을 수 있다.

2) 주요 예시:

(1) **카드사 매출 데이터:** 특정 상권의 시간대별, 업종별 실제 소비 데이터.

(2) **통신사 유동인구 데이터:** 특정 지역의 성별, 연령별, 시간대별 인구 흐름.

(3) **부동산 플랫폼 데이터:** 현재 시장에 나와 있는 매물의 '호가(Asking Price)', 매물에 대한 관심도(조회수, 찜하기 수).

(4) **소셜 미디어 데이터:** 특정 지역에 대한 사람들의 감성과 평판(Sentiment).

■ 부동산 가치 평가를 위한 공공 및 민간 데이터의 정의, 주요 예시, AI 활용 역할 비교

구분	공공 데이터 (Public Data)	민간 데이터 (Private Data)
정의	정부 및 공공기관이 법적 절차에 따라 수집, 관리, 공개하는 데이터를 의미한다.	민간 기업이 영업 활동을 통해 수집하고 가공하여 제공하는 데이터를 말한다.
특징	- 높은 신뢰성/안정성: 법적 효력을 가지는 공식 데이터로 오류가 적고 일관성을 가진다. - 포괄성/공익성: 특정 대상에 치우치지 않고 국가 전체를 대상으로 균일하게 수집된다. - 정적/과거 지향성: 갱신 주기가 길어 (월/분기/연 단위) 과거의 확정된 사실을 보여준다.	- 뛰어난 실시간성/역동성: 데이터가 일간, 시간 단위로 생성되어 시장의 미세한 변화를 즉각 포착한다. - 다양성/구체성: 카드 매출, 유동인구 등 공공 데이터가 담지 못하는 다채로운 정보를 포함한다. - 상업적 목적성: 수익 창출을 위해 수집되어 데이터의 범위나 공개 수준에 제한이 있을 수 있다.
주요 예시	- 국토교통부 실거래가 - 건축물대장/토지대장 - 토지이용계획확인원 - 공시지가/공시가격	- 카드사 매출 데이터 - 통신사 유동인구 데이터 - 부동산 플랫폼의 호가(Asking Price) 및 관심도 - 소셜 미디어 데이터
AI 활용 역할	부동산의 '공식적 가치(Official Value)'에 대한 신뢰성 있는 기준선을 설정하는 기반이 된다.	'시장 활력(Market Vitality)'을 반영하여 공식적 가치를 현재 시장 상황에 맞게 보정하고 고도화하는 역할을 수행한다.

AI의 접근법은 명확하다. 공공 데이터로 부동산의 '공식적 가치(Official Value)'의 기준선을 설정하고, 그 위에 민간 데이터를 융합하여 '시장 활력(Market Vitality)'을 반영한 최종적인 '실질 가치(Real Value)'를 도출하는 것이다.

4.3. 가상사례로 체험하는 데이터 융합의 힘

가상의 생성형 AI 모델 '데이터-퓨전(Data-Fusion)'이 공공과 민간 데이터를 어떻게 엮어내어 놀라운 분석을 제공하는지 두 가지 사례로 살펴보자.

■ 가상 사례 1 – '힙플레이스' 상권의 거품 여부 판별하기

1) 의뢰: 최근 언론과 SNS에서 '제2의 성수동'이라 불리는 A골목의 상가 임대료가 6개월 만에 2배로 뛰었다. 이 가격이 합당한지, 아니면 거품인지 AI로 분석해줘.

2) '데이터-퓨전'의 교차 검증 분석:

3) 데이터 입력 (공공 vs. 민간)

데이터 종류	수집된 데이터 (가상 수치)	데이터의 의미
민간 데이터 (선행 지표)	- 부동산 앱 호가: 1층 33m2 기준 월세 호가 평균 500만 원. (6개월 전 250만 원) - 카드사 매출: A골목 F&B 업종 주말 매출 전년 대비 350% 증가. - 통신사 유동인구: 20대 여성 유동인구 주말 기준 4배 증가.	시장의 기대감과 현재의 활력이 '폭발 직전'임을 보여준다.
공공 데이터 (후행 지표)	- 국토부 실거래가: 최근 계약된 동일 조건 월세 실거래가 380만 원. - 표준 공시지가: 최근 3년간 연평균 15% 상승. - 건축물대장: 대부분 30년 이상 된 노후 근린생활시설.	공식적인 가격은 아직 시장의 열기를 '따라가지 못하고 있음'을 보여준다.

4) AI의 추론 및 진단

(1) 데이터 불일치 해석: "민간 데이터(호가 500만 원)와 공공 데이터(실거래가 380만 원) 사이에 120만 원의 갭(Gap)이 존재한다. 이는 시장의 '미래 기대 가치'가 현재 가격에 선반영되고 있음을 의미한다. 전통적 평가 방식으로는 이를 '거품'으로 판단할 수 있다."

(2) 민간 데이터의 교차 검증: "그러나 카드 매출과 유동인구라는 '실질 소비 데이터'가 호가의 상승을 강력하게 뒷받침하고 있다. 이는 단순한 투기적 기대감이 아닌, '실제 수요'에 기반한 가격 상승임을 증명한다. 20대 여성이라는 명확한 소비 주체의 유입은 상권의 지속 가능성을 높이는 긍정적 신호이다."

5) **최종 평가** (데이터-퓨전의 결과)

(1) **종합 진단:** A골목의 높은 임대료는 "거품이 아닌, '가치 상승의 전조 현상"이다. 공공 데이터인 실 거래가는 과거의 기록일 뿐이며, 민간 데이터가 보여주는 폭발적인 소비 활력은 곧 실 거래가에 반영될 것이다.

(2) **투자 전략 제언:** 현재의 호가는 단기적으로 부담스러울 수 있으나, AI 분석 결과 상권의 기초 체력(Fundamental)이 매우 견고하다. 현재 호가 수준에서 계약하는 것은 미래 가치에 대한 합리적인 투자로 판단된다. 다만, 3개월 내 실 거래가가 호가 수준에 근접하는지를 지속적으로 모니터링하는 '조건부 긍정' 의견을 제시한다.

■ 가상 사례 2 – 공공 데이터로는 똑같아 보이는 두 아파트의 진짜 차이 찾기

1) **의뢰:** B신도시의 '파크뷰'와 '에듀포레' 아파트. 가격, 면적, 준공연도, 지하철역과의 거리 등 모든 공공 데이터가 거의 동일하다. 30대 맞벌이 부부와 초등학생 자녀에게 더 적합한 곳은 어디인가?

2) '데이터-퓨전'의 라이프스타일 분석:

3) 데이터 입력 (공공 vs. 민간)

데이터 종류	파크뷰 아파트	에듀포레 아파트
공공 데이터	(거의 동일) - 실거래가: 84m2 기준 12억 원 - 준공: 2018년 - 역까지 거리: 도보 10분	(거의 동일) - 실거래가: 84m2 기준 12.1억 원 - 준공: 2018년 - 역까지 거리: 도보 11분

민간 데이터	- (배달 앱): 치킨, 피자 등 야식 배달 주문량, 인근 단지 대비 40% 높음. - (모빌리티): 심야 택시 호출 건수, 공유 킥보드 이용 빈도 높음. - (커뮤니티): '주차 문제', '층간 소음' 관련 불만 글 다수.	- (학원 앱): 단지 내 상가에 초등학생 대상 학원 5개 입점, 셔틀버스 운행. - (온라인 커뮤니티): '초등학교 등굣길 안전', '단지 내 스터디 모임' 관련 긍정 글 압도적. '조용한 면학 분위기'가 최고 장점으로 언급.

4) AI의 추론 및 진단

(1) **라이프스타일 프로파일링**: "공공 데이터 상으로는 쌍둥이 같은 두 아파트지만, 민간 데이터는 완전히 다른 생활 패턴을 보여준다.

- 파크뷰: 배달, 심야 택시 데이터는 1~2인 가구나 젊은 층의 비중이 높고, 활동적인 라이프스타일을 가진 거주민이 많음을 시사한다. 이는 '활기'의 원천이지만 '소음'과 '복잡함'의 원인이 되기도 한다.
- 에듀포레: 학원, 커뮤니티 데이터는 초등학생 자녀를 둔 30~40대 부부 중심의 '교육 특화 커뮤니티'가 형성되었음을 명확히 보여준다. '조용한 면학 분위기'는 이 아파트의 핵심적인 무형 자산이다."

5) 최종 평가 (데이터-퓨전의 결과)

(1) **종합 분석**: 두 아파트의 가치는 동일하지 않다. 파크뷰는 '편의성'과 '활기'에, 에듀포레는 '교육'과 '안정성'에 특화된 가치를 지닌다. 의뢰인의 프로필(30대 부부, 초등학생 자녀)을 고려할 때, 에듀포레 아파트의 '거주 만족도 가치'가 파크뷰 대비 월등히 높다.

(2) **미래 가치 예측**: 부동산 시장 안정기 또는 하락기에는 '교육'이라는 확실한 수요층을 가진 에듀포레 아파트의 가격 방어력이 파크뷰보다 더 강할 것으로 예측된다. AI가 생성한 '가족 친화 점수'는 에듀포레가 9.2점, 파크뷰가 6.5점으로, 의뢰인에게 에듀포레를 강력히 추천한다.

종합하면, 공공 데이터는 우리에게 '어디에 무엇이 있는지'라는 객관적인 사실의 지도를 제공한다. 그리고 민간 데이터는 그 지도 위에 '사람들이 어떻게 살아가고, 무엇을 원하며, 어디로 흘러가는지'라는 생생한 색채를 입힌다. 어느 한쪽만으로는 부동산의 진짜 가치라는 그림을 완성할 수 없다.

생성형 AI는 이 두 세계의 데이터를 엮어내는 최고의 직조공이다. 공식적인 사실의 씨줄과 역동적인 삶의 날줄을 엮어, 과거와 현재를 관통하고 미래까지 예측하는 정교한 태피스트리를 만들어낸다. 이처럼 데이터의 본질을 이해하고 융합할 줄 아는 능력 이야말로, 미래의 도시와 부동산을 읽어내는 가장 강력한 무기가 될 것이다.

5

도시부동산에서 빅데이터 정제 및 전처리 기법의 중요성 설명과 가상사례

5.1. 최상의 요리는 최고의 재료 손질에서 시작된다

최고의 셰프가 아무리 뛰어난 레시피를 가지고 있어도, 흙이 묻고 썩은 부분이 섞인 식재료로는 결코 미슐랭 스타급 요리를 만들 수 없다. 생성형 AI에게 데이터는 곧 식재료이며, 가치 평가 모델은 레시피이다. 도시 곳곳에서 수집된 방대한 날것의 데이터(Raw Data)에는 수많은 오류와 노이즈, 불필요한 정보들이 섞여 있다. 이러한 '오염된' 데이터를 그대로

AI에게 학습시키는 것은, 셰프에게 재료 손질 없이 요리를 하라는 것과 같다. 그 결과는 예측 불가능하며, 때로는 재앙에 가깝다.

여기서 "데이터 정제(Cleansing) 및 전처리(Preprocessing)"라는, 눈에 잘 띄지 않지만 가장 결정적인 과정의 중요성이 부각된다. 이는 AI라는 셰프가 최고의 성능을 발휘할 수 있도록 원재료를 섬세하게 다듬고, 숨겨진 맛을 이끌어내는 과정이다. 본 절에서는 이 필수적인 데이터 손질 기법의 핵심을 알아보고, 가상의 사례를 통해 이 과정이 어떻게 '쓰레기 데이터(Garbage Data)'를 '황금 데이터(Gold Data)'로 바꾸어 놓는지 그 경이로운 과정을 살펴보고자 한다.

5.2. GIGO (Garbage In, Garbage Out) 원칙: 왜 데이터 정제와 전처리가 중요한가?

AI 모델의 성능은 학습 데이터의 품질에 의해 결정되므로, 'Garbage In, Garbage Out' 원칙에 따라 데이터의 불순물을 제거(정제)하고 AI가 이해하기 쉬운 형태로 가공(전처리)하는 과정은 필수적이다. 컴퓨터 과학에는 'Garbage In, Garbage Out (GIGO)'이라는 유명한 원칙이 있다. 쓰레기를 넣으면 쓰레기가 나온다는 뜻으로, AI 모델의 성능은 전적으로 학습 데이터의 품질에 의해 결정됨을 의미한다. 데이터 정제 및 전처리는 바로 이 GIGO의 함정을 피하기 위한 핵심 방어 메커니즘이다.

5.2.1. 데이터 정제 (Data Cleansing): 불순물을 제거하는 과정

정제는 데이터의 품질을 저해하는 요소를 찾아내고 교정하는 과정이다.

(1) 결측치(Missing Values) 처리: 데이터가 누락된 경우. 예를 들어, 특정 건물의 '준공연도' 정보가 비어있는 경우이다. 이를 무시하

거나, 평균값/중앙값으로 대체하거나, 혹은 다른 데이터를 기반으로 AI가 직접 누락된 값을 예측하여 채워 넣는다.

(2) **이상치(Outliers) 탐지 및 처리**: 상식에서 벗어나는 값. 아파트 가격이 '100원'으로 입력되었거나, 월세가 '50억'으로 잘못 기입된 경우가 해당된다. 이러한 값은 모델의 전체적인 판단을 왜곡시키므로, 찾아내어 제거하거나 합리적인 수치로 교정해야 한다.

(3) **데이터 표준화(Standardization)**: 형식을 통일하는 작업. 부동산 면적이 '평', 'm2', '제곱미터' 등 제각각으로 입력되어 있다면, 이를 'm2'라는 하나의 단위로 통일하여 AI가 혼동하지 않도록 한다.

5.2.2. 데이터 전처리 (Data Preprocessing): AI가 이해하기 쉬운 형태로 가공하는 과정

정제된 데이터를 AI 모델이 더 잘 학습할 수 있도록 가공하고 새로운 의미를 부여하는 단계이다.

(1) **데이터 변환(Transformation)**: 값의 범위를 조정하는 것(정규화, Normalization). 예를 들어 수십억 원에 달하는 '가격'과 0~100 사이의 '건물 점수'를 AI가 동일한 중요도로 인식하게 하려면, 두 값의 범위를 0과 1 사이로 변환하여 상대적인 크기에 대한 편향을 없앤다.

(2) **범주형 데이터 인코딩(Encoding)**: '강남구', '서초구'와 같은 문자 데이터를 AI가 이해할 수 있는 숫자(예: 강남구=1, 서초구=2)로 변환하는 과정이다.

(3) **특성 공학(Feature Engineering)**: 전처리 과정의 꽃이라 불리는

가장 창의적인 단계. 기존 데이터를 조합하여 새로운 의미를 지닌 '특성(Feature)'을 만들어내는 과정이다. 이는 단순한 데이터 가공을 넘어, 도메인 지식과 창의력이 결합된 예술의 경지에 가깝다.

- (예1) '준공연도' 데이터에서 '현재 연도 - 준공연도'를 계산하여 '건물 연식'이라는 새로운 특성을 생성한다.
- (예2) '지하철역까지의 거리'와 '버스정류장 개수'를 조합하여 '대중교통 접근성 점수'를 창조한다.

■ **AI 학습을 위한 데이터 정제 및 전처리 주요 작업과 설명 및 예시**

구분	주요 작업	설명 및 예시
데이터 정제 (Data Cleansing)	결측치 (Missing Values) 처리	누락된 데이터를 무시하거나 평균/중앙값으로 대체하며, 혹은 다른 데이터를 기반으로 누락된 값을 예측하여 채우는 작업을 수행한다.
	이상치(Outliers) 탐지 및 처리	아파트 가격이 '100원'으로 입력된 경우와 같이 상식에서 벗어난 값을 탐지하여 제거하거나 합리적인 수치로 교정한다.
	데이터 표준화 (Standardization)	부동산 면적 단위가 '평', 'm2' 등으로 혼재된 경우, 'm2'라는 단일 표준으로 형식을 통일하는 작업을 수행한다.
데이터 전처리 (Data Preprocessing)	데이터 변환 (Transformation)	가격(수십억 원)과 건물 점수(0~100) 등 서로 다른 값의 범위를 0과 1 사이로 조정(정규화)하여 모델의 편향을 방지한다.
	범주형 데이터 인코딩 (Encoding)	'강남구', '서초구'와 같은 문자형 데이터를 AI 모델이 학습 가능한 숫자(예: 1, 2)로 변환하는 과정이다.
	특성 공학 (Feature Engineering)	기존 데이터를 조합하여 새로운 의미를 지닌 변수를 생성하는 창의적 과정이다. - (예) '준공연도'에서 '건물 연식' 특성을 생성한다. - (예) '역까지 거리', '버스정류장 수'를 조합하여 '대중교통 접근성 점수'를 창조한다.

5.3. 가상사례로 체험하는 데이터의 재탄생

가상의 AI 모델 '데이터-알케미스트(Data-Alchemist)'가 어떻게 원재료를 황금으로 바꾸는지 두 가지 사례를 통해 그 연금술의 과정을 들여다보자.

■ 가상 사례 1 – 뒤죽박죽 아파트 실거래 데이터 정제하기

1) 의뢰: 특정 아파트 단지의 1년간 실 거래 데이터를 인터넷에서 수집했다. 이 데이터를 정제하여 정확한 시세 분석 모델의 기반을 만들어줘.

2) '데이터-알케미스트'의 정제 및 전처리 과정:

3) 미가공 데이터 (Raw Data)

계약일	동	층	면적	거래가(만원)	조망	건축연도
2024-01-05	101	15	84.9㎡	152,000	한강뷰	2015
2024-02-11	102	21	33평	165,000	RIVER_VIEW	2015
2024-03-19	103	5	84.9㎡	10	단지뷰	-
2024-04-22	101	16	84.9㎡	155,000	리버뷰	2015

4) AI의 자동 정제 및 전처리 단계

(1) 1단계(이상치 처리): 3번째 행의 거래가 '10'은 명백한 오류이다. AI는 다른 거래가 분포를 기반으로 이를 이상치(Outlier)로 판단하여 해당 행을 제거한다.

(2) 2단계(형식 표준화):

- 면적: 2번째 행의 '33평'을 109.09m2로 자동 변환하여 단위를 통일한다.
- 조망: '한강뷰', 'River view', '리버뷰'는 모두 같은 의미이다. 자연어 처리 기술을 이용해 이를 'RIVER_VIEW'라는 단일한 범주로 표준화한다.

(3) 3단계(결측치 처리): 3번째 행이 제거되었지만, 만약 다른 행에 건축연도가 누락되었다면, AI는 같은 단지 내 다른 건물의 건축연도인 '2015'를 참조하여 결측치를 합리적으로 채워 넣는다.

(4) 4단계 (특성 공학):

- '거래가'와 '면적' 데이터를 이용하여 '단위면적당 가격(/m2)'이라는 새로운 특성을 생성한다. 이는 면적이 다른 세대 간의 가격을 객관적으로 비교하는 핵심 지표가 된다.
- '건축연도'를 이용하여 '건물 연식(Age)'이라는 특성을 생성한다.

5) 정제된 데이터 (Cleaned & Processed Data)

계약일	동	층	면적	거래가 (만원)	조망	건축 연도	건물 연식	단위면적당 가격
2024-01-05	101	15	84.9	152,000	RIVER_VIEW	2015	10	1,790
2024-02-11	102	21	109.09	165,000	RIVER_VIEW	2015	10	1,512
2024-04-22	101	16	84.9	155,000	RIVER_VIEW	2015	10	1,825

6) 분석: 이 과정을 통해 AI는 이제 조망, 층수, 면적 등의 변수가 '단위면적당 가격'에 미치는 영향을 왜곡 없이 정확하게 학습할 수 있게 되었다. '쓰레기'가 들어갔다면 완전히 잘못된 시세 모델이 나왔을 것이다.

■ 가상 사례 2 – 특성공학으로 상권의 성공 가능성 예측하기

1) 의뢰: 신규 프랜차이즈 카페 지점을 내려고 한다. 후보지 두 곳(A, B)의 주소와 면적 데이터만 있다. AI를 이용해 어느 곳이 더 성공 가능성이 높은지 예측해줘.

2) '데이터-알케미스트'의 특성 공학 기반 분석:

우리나라 카페브랜드 순위 TOP 10, https://blog.naver.com

3) 미가공 데이터 (Raw Data)

후보지	주소	면적
A	서울시 마포구 연남동 227-1	60㎡
B	서울시 종로구 삼청동 12-3	60㎡

4) AI의 특성 공학(Feature Engineering) 과정

AI는 주소 데이터 하나를 가지고 수많은 외부 데이터를 연동하여 새로운 특성을 창조한다.

생성된 특성 (Engineered Feature)	A 후보지 (연남동)	B 후보지 (삼청동)	특성의 의미
1. 대중교통 접근성 점수	9.5/10 (2호선, 경의중앙선, 공항철도 환승역 인근)	6.0/10 (단일 노선역에서 도보 12분)	잠재 고객의 접근 용이성
2. 반경 100m 내 경쟁 강도	0.7 (카페 수/전체 F&B 매장 수)	0.4	경쟁이 얼마나 치열한가
3. 주 유동인구 (20대) 비중	55% (통신사 데이터 기반)	25%	핵심 타겟 고객층의 밀도
4. SNS 버즈량 (주간)	8,200건 (#연남동카페)	3,100건 (#삼청동카페)	온라인상의 화제성과 관심도
5. 주변 상권 활력도	'성장기' (신규 매장 오픈율〉 폐업률)	'성숙기' (오픈율과 폐업률이 유사)	상권의 성장 모멘텀

5) 최종 평가 (데이터-알케미스트의 결과)

(1) **종합 분석:** 단순 주소와 면적으로는 두 후보지의 우열을 가릴 수 없다. 그러나 특성 공학을 통해 생성된 데이터를 보면, A 후보지(연남동)가 압도적으로 우수함을 알 수 있다.

(2) **의사결정 제안:** A 후보지는 경쟁 강도가 높다는 단점이 있지만, 이는 이미 검증된 상권이라는 의미이기도 하다. 핵심 타겟 고객층인 20대 유동인구 비중이 높고, SNS 화제성 및 상권 성장 모멘텀이 뛰어나므로, B 후보지 대비 예상 매출이 40% 이상 높을 것으로 예측된다. 따라서 A 후보지에 지점을 개설하는 것이 합리적인 의사결정이다.

종합하면, 부동산 빅데이터의 세계에서 데이터 정제와 전처리는 번거로운 허드렛일이 아니라, 숨겨진 가치를 찾아내는 '데이터 연금술(Data Alchemy)' 그 자체이다. 이 과정을 통해 우리는 혼란 속에서 질서를 찾고, 평범한 데이터에서 비범한 통찰력을 이끌어낼 수 있다.

제3장

상권 빅데이터와 상업용 부동산 가치

1

카드매출 데이터 분석을 통한 도시부동산 상권 활성도 측정과 가상사례

1.1. 카드 매출 데이터, 상권의 숨겨진 언어를 해독하다

우리가 무심코 사용하는 신용카드는 단순한 결제 수단을 넘어, 도시의 심장부인 상권의 활력을 측정하는 가장 정밀한 청진기와 같다. 카드 매출 데이터는 특정 지역 상권이 얼마나 활발하게 움직이는지, 어떤 시간대에 사람들이 모여들고, 어떤 업종에 지갑을 여는지 등 상권의 동적인 생명력을 생생하게 보여주는 소중한 정보다. 과거에는 상권 분석을 위해 유동인구를 직접 세거나, 특정 점포의 매출을 어림짐작하는 수준에 머물렀다. 하지만 이제 우리는 카드 매출 빅데이터라는 현미경을 통해 상권의 세포 단위까지 들여다볼 수 있게 된 것이다.

생성형 AI는 이러한 방대한 카드 매출 데이터를 학습하여, 특정 상권의 미래 활성도를 예측하고, 나아가 해당 지역 부동산의 잠재 가치를 평가하는 강력한 도구로 기능한다. AI는 단순히 매출액의 높고 낮음 만을 보는 것이 아니라, 데이터 속에 숨겨진 복잡한 패턴, 즉 소비의 다양성, 시간대별 매출 집중도, 업종별 성장률, 외부 충격(예: 팬데믹)에 대한 회복 탄력성 등을 종합적으로 분석하여 상권의 건강 상태를 다각적으로 진단한다. 이는 곧 해당 상권에 위치한 부동산의 현재 가치를 설명하고, 미래 가치를 예측하는 객관적이고 과학적인 근거가 된다.

1.2. 가상사례

■ 가상 사례 1 – 신흥 상권 '알파 스퀘어'와 구도심 상권 '베타 스트리트' 비교 분석

1) **현황:** 여기, 최근 2년간 급부상한 신흥 상권 '알파 스퀘어'와 오랜 역사를 지닌 구도심 상권 '베타 스트리트'가 있다. 생성형 AI가 두 상권의 카드 매출 데이터를 분석한 가상 결과는 다음과 같다.

2) **분석:** 알파 스퀘어 vs. 베타 스트리트 상권 활성도 비교 분석

구분	알파 스퀘어 (신흥 상권)	베타 스트리트 (구도심 상권)
월 평균 총 매출액	200억 원	180억 원
매출 발생 건수 (월 평균)	50만 건	40만 건
주요 소비 시간대	평일 저녁(18-22시), 주말(12-22시)	평일 점심(12-14시), 주말(12-18시)
주요 소비 업종	F&B(50%), 편집샵/패션(20%), 엔터테인먼트(15%)	F&B(40%), 병원/약국(25%), 생활용품(15%)
소비 다양성 지수	0.85 (높음)	0.65 (보통)
재방문율	60%	45%
전년 동기 대비 매출 성장률	+25%	+5%

3) 분석 결과: 총 매출액은 알파 스퀘어가 약간 높지만, 더 주목해야 할 부분은 소비 다양성 지수와 매출 성장률이다. 알파 스퀘어는 다양한 업종에서 고른 매출을 보이며, 폭발적인 성장세를 기록하고 있다. 이는 젊은 층을 중심으로 한 신규 소비 인구가 계속 유입되고 있으며, 상권 자체가 지닌 매력과 활력이 매우 높다는 것을 의미한다.
반면 베타 스트리트는 매출이 특정 업종과 시간대에 편중되어 있고 성장세가 둔화된 모습이다. 이는 상권의 노후화 또는 정체 가능성을 시사하며, 부동산 가치 평가 시 보수적인 접근이 필요함을 보여준다.

■ 가상 사례 2 – 동일 상권 내 A블록과 B블록의 미시적 가치 평가

지역경제의 새로운 도약은 '골목'에서 시작된다, https://www.yne.kr

1) 현황: 이번에는 동일한 상권인 '감마 로드' 내에서도 대로변에 위치한 A블록과 이면 도로에 위치한 B블록의 부동산 가치를 카드 매출 데이터를 통해 미시적으로 분석해 보자.

2) 분석: 감마 로드 내 A블록 vs. B블록 미시 상권 분석

구분	A블록 (대로변)	B블록 (이면 도로)
월 평균 총 매출액	50억 원	55억 원

주요 소비 업종	대형 프랜차이즈 카페, 드럭스토어, 은행	개성 있는 개인 식당, 독립 서점, 디저트 카페
건당 평균 결제 금액	12,000원	28,000원
체류 시간 추정 지수	0.4 (낮음)	0.9 (높음)
주중/주말 매출 편차	큼 (주중 매출 비중 높음)	작음 (주중/주말 매출 고르게 분포)
SNS 언급량 연관 지수	1.2	3.5

3) **분석 결과:** 단순히 대로변에 위치하여 유동인구가 많은 A블록의 부동산 가치가 더 높을 것이라는 직관과 달리, 카드 매출 데이터는 이면 도로의 B블록이 더 높은 활성도와 잠재력을 가지고 있음을 보여준다. B블록은 총 매출액이 더 높을 뿐만 아니라, 건당 평균 결제 금액과 체류 시간 추정 지수가 월등히 높다.

이는 B블록을 찾는 소비자들이 단순한 '스쳐 지나가는' 유동인구가 아닌, 특정 상점을 '목적'을 가지고 찾아와 더 많은 시간과 돈을 쓰는 '목적 방문객'이라는 것을 의미한다. 또한, SNS 언급량과의 높은 연관성은 B블록이 소위 '힙한' 장소로 인식되며, 강력한 집객 효과를 스스로 만들어내고 있음을 증명한다. 따라서 생성형 AI는 이러한 데이터를 기반으로 B블록 내 부동산의 임대료 상승 여력과 자산 가치 상승 잠재력을 A블록보다 높게 평가할 것이다.

이처럼 카드 매출 데이터 분석은 도시와 부동산을 바라보는 우리의 관점을 완전히 새로운 차원으로 끌어올린다. 이는 단순한 숫자의 나열이 아닌, 상권의 흥망성쇠를 기록한 역사서이자 미래를 예측하는 예언서와 같다. 생성형 AI와 카드 매출 데이터의 환상적인 조합은 앞으로 도시부동산 가치 평가의 새로운 표준이 될 것이다.

2

유동 인구 빅데이터의 수집을 통한 도시부동산 가치분석 방법과 가상사례

2.1. 도시의 맥박을 읽다: 유동인구 빅데이터와 부동산 가치의 결합

도시는 살아있는 유기체와 같아서, 그 속을 흐르는 사람들의 움직임, 즉 유동인구는 도시의 활력을 나타내는 가장 근본적인 지표이다. 전통적인 부동산 가치 평가는 건물의 물리적 특성이나 토지의 입지 등 정적인 요소에 크게 의존했다.

하지만 21세기 도시에서 부동산의 진정한 가치는 그 공간을 채우고, 스쳐 지나가며, 머무는 사람들의 흐름과 때려야 뗄 수 없는 관계를 맺는다. 생성형 AI 시대는 이러한 도시의 동적인 맥박, 유동인구 빅데이터를 정밀하게 수집하고 분석하여 부동산의 잠재 가치를 새롭게 조명하는 혁신적인 방법을 제시한다.

유동인구 데이터는 주로 통신사 기지국 정보, 대중교통 이용 기록, 공공 와이파이(Wi-Fi) 접속 기록 등 다양한 출처로부터 수집된다. 과거에는 특정 지점에서 일일이 사람 수를 세는 '카운팅' 방식에 의존했지만, 이제는 개인정보를 비식별화한 방대한 데이터를 통해 특정 지역의 시간대별, 요일별, 연령 및 성별 인구 분포는 물론, 사람들의 출발지와 목적지, 이동 패턴까지 입체적으로 파악할 수 있게 되었다.

생성형 AI는 이 복잡하고 방대한 유동인구 데이터를 학습하여, 단순히 '사람이 많다'는 1차원적 정보를 넘어 '어떤 사람들이', '어떤 목적으로',

‘언제’, ‘얼마나 머무는가’라는 다 차원적인 인사이트를 도출한다. 예를 들어, AI는 특정 지역의 유동인구가 ‘거주인구’ 중심인지, ‘직장인구’ 중심인지, 혹은 외부에서 유입되는 ‘방문인구’ 중심인지를 구분해낸다. 이는 상업용 부동산의 잠재 고객층을 분석하거나, 주거용 부동산의 생활 편의성을 측정하는 데 결정적인 데이터가 된다. 나아가 이러한 패턴 변화를 지속적으로 학습하여 미래의 유동인구를 예측하고, 이는 곧 특정 부동산의 미래 가치 변동을 예측하는 강력한 나침반이 된다.

2.2. 가상사례

■ 가상 사례 1 – ‘오피스 시티’ 내 두 빌딩의 시간대별 유동인구 분석

서울 오피스 공실률 5.2%…거래액 늘고 안정적 성장
https://mobile.newsis.com

1) **현황:** 동일한 업무지구 ‘오피스 시티’에 위치하지만, 미묘하게 입지가 다른 A빌딩과 B빌딩이 있다. 생성형 AI가 두 빌딩 주변의 시간대별 유동인구 특성을 분석한 결과는 다음과 같다.

2) **분석:** A빌딩 vs. B빌딩 시간대별 유동인구 특성 비교

구분	A빌딩 (이면도로 위치)	B빌딩 (대중교통 환승역 인접)
주중 주간 (09-18시) 유동인구	12,000명/일	15,000명/일
주중 야간 (18-22시) 유동인구	3,000명/일	9,000명/일
주말 유동인구	2,000명/일	8,000명/일
유동인구 유형	직장인구(80%), 방문인구(15%)	직장인구(50%), 방문인구(40%)
평균 체류시간	50분 (점심시간 집중)	120분 (저녁 약속, 쇼핑 등)
유동인구 확장성 지수	0.5 (낮음)	0.9 (높음)

3) **분석 결과:** 주간 유동인구만 보면 B빌딩이 약간 우세하지만, 주중 야간과 주말 유동인구에서 압도적인 차이를 보인다. A빌딩은 전형적인 오피스 빌딩의 특성을 보여, 업무시간이 끝나면 급격히 활기를 잃는 '공동화 현상'이 나타난다.

반면 B빌딩은 대중교통 환승역과 인접하여 퇴근 후 저녁 약속이나 주말 나들이를 위한 방문인구가 지속적으로 유입되는 '주 7일 활성 상권'의 특징을 보여준다. 따라서 생성형 AI는 B빌딩의 저층 부 상업 시설이 더 높은 임대수익을 창출할 잠재력을 가졌다고 평가하며, 건물 전체의 자산 가치 역시 A빌딩보다 높게 책정한다.

■ 가상 사례 2 – 신도시 '드림타운' 내 두 아파트 단지의 가치 평가

1) **현황:** 비슷한 시기에 입주한 신도시 '드림타운' 내 C아파트 단지와 D아파트 단지의 부동산 가치를 유동인구 데이터 기반으로 비교 분석해 보자.

2) **분석:** C아파트 vs. D아파트 단지 주변 유동인구 기반 가치 분석

구분	C아파트 (대단지, 학교 인접)	D아파트 (중소단지, 공원 및 문화시설 인접)
단지 내 거주인구	4,000명	2,500명
주변 생활편의시설까지의 평균 이동 시간	도보 15분	도보 5분
외부 방문인구 유입량 (주말 기준)	500명/일	3,000명/일
주변 지역 체류 목적	자녀 등하교, 학원 이용	공원 산책, 카페 이용, 문화생활
야간시간대(21-06시) 정주인구 비율	95% (높음)	85% (보통)
생활권 쾌적성 지수 (AI 분석)	3.2 (보통)	4.5 (높음)

3) **분석 결과:** 단순 거주인구 수로는 C아파트가 우세하지만, 유동인구의 '질'적인 측면에서는 D아파트가 더 높은 가치를 보여준다. D아파트 주변으로는 주말에 공원이나 문화시설을 즐기기 위한 외부 방문인구가 대거 유입되면서, 이는 곧 주변 상권의 활성화와 생활 인프라의 질적 향상으로 이어진다.

생성형 AI가 분석한 생활권 쾌적성 지수는 이러한 유동인구의 역동성과 편의성을 종합하여 D아파트의 손을 들어준다. 반면, C아파트는 야간 정주인구 비율이 높아 조용한 주거 환경을 가졌다고 볼 수도 있지만, 생활 편의시설 접근성이 떨어지고 주변 지역의 활력이 부족하여 장기적인 가치 상승 잠재력은 D아파트보다 낮게 평가될 수 있다.

이처럼 유동인구 빅데이터 분석은 눈에 보이지 않던 도시의 활력과 사람들의 라이프스타일을 수치로 증명하며, 부동산의 미래 가치를 예측하는 객관적이고 과학적인 패러다임을 열어가고 있다. 생성형 AI와 결합한 유동인구 분석은 우리가 살고, 일하고, 즐기는 모든 공간의 가치를 재발견하게 만드는 가장 강력한 도구가 될 것이다.

3

소비자 행동 패턴 변화와 상업부동산 가치 연계성 분석과 가상사례

3.1. 소비 지도의 진화: 소비자 행동 패턴과 상업부동산의 미래 가치

상업부동산의 가치는 더 이상 단순히 '목 좋은 곳'이라는 지리적 이점만으로 결정되지 않는다. 현대 소비자들은 제품을 구매하는 행위를 넘어, 특별한 '경험'을 소비하고, 온라인과 오프라인의 경계를 자유롭게 넘나들며 새로운 소비 지도를 그려 나가고 있다.

이러한 소비자 행동 패턴의 근본적인 변화는 상업부동산의 운명을 좌우하는 가장 중요한 변수가 되었으며, 생성형 AI는 이 복잡하고 역동적인 변화의 흐름 속에서 미래 가치를 예측하는 새로운 눈을 제공한다.

과거의 상업부동산 분석이 특정 지역의 매출액이나 유동인구 등 결과적인 데이터에 집중했다면, 이제는 '왜' 소비자들이 그곳을 찾는지, '어떻게' 시간을 보내는지, 그리고 '무엇이' 그들의 지갑을 열게 하는지에 대한 동기(Motivation)와 과정(Process)을 분석하는 것이 핵심이 된다.

생성형 AI는 소셜미디어 데이터, 검색 트렌드, 온라인 커뮤니티의 담론, 내비게이션 경로 데이터, 앱 사용 기록 등 과거에는 분석이 불가능했던 비정형 데이터들을 대규모로 학습한다. 이를 통해 특정 공간이나 브랜드에 대한 사람들의 인식, 관심사, 선호도를 파악하고, 소비 결정에 이르는 복잡한 여정을 심층적으로 이해하게 된다.

예를 들어, 생성형 AI는 특정 상권에서 '인증샷', '팝업스토어', '체험형 클래스'와 같은 키워드의 언급량이 증가하는 패턴을 발견하고, 이를 '경험 지향적 소비'의 확산이라는 거시적 트렌드와 연결한다. 이러한 분석은 단순히 물건을 판매하는 공간보다 독특한 경험과 콘텐츠를 제공하는 공간의 부동산 가치가 장기적으로 상승할 것임을 시사한다. 이처럼 소비자 행동 패턴 분석은 상업부동산의 현재 가치를 진단하고, 미래 수요에 부응하기 위한 공간의 용도, 구성(MD), 운영 전략을 제시하는 필수적인 과정이 된다.

3.2. 가상 사례

■ 가상 사례 1 – '쇼핑 스트리트' 내 두 상가의 가치 비교 분석

1) **현황**: 유명 쇼핑 스트리트에 나란히 위치한 A상가와 B상가가 있다. A상가는 전통적인 패션 브랜드가 입점해 있고, B상가는 체험형 플래그십 스토어와 F&B가 결합된 복합 문화 공간으로 운영된다. 생성형 AI가 두 상가의 잠재 가치를 분석한 결과는 다음과 같다.

2) **분석**: A상가(전통 리테일) vs. B상가(체험형 공간) 가치 연계성 분석

구분	A상가 (전통 패션 리테일)	B상가 (체험형 복합 문화 공간)
월 평균 매출액	3억 원	2억 5천만 원
소비자 평균 체류 시간	25분	90분
온라인 버즈량 (SNS, 블로그 언급)	1,200건/월	8,500건/월
방문 목적 키워드 (AI 분석)	세일, 신상품, 쇼핑	데이트, 팝업스토어, 특별한 경험, 인증샷
방문객 재방문 의사 (AI 예측)	35%	70%
미래가치 변동성 예측 지수	-0.2 (하락 가능성)	+0.8 (상승 가능성 높음)

을지로입구역 인근 다동 소공동 을지로2가 상권분석과 상가 임대
https://blog.naver.com

3) **분석 결과:** 단순 월 매출액은 A상가가 높지만, 생성형 AI는 B상가의 미래 가치를 훨씬 높게 평가한다. 그 이유는 B상가가 방문객들에게 긴 체류 시간과 높은 재방문 의사를 유도하는 '목적지형 공간(Destination Place)'으로서 기능하기 때문이다.

4) **시사점:** 온라인에서의 폭발적인 버즈량과 긍정적인 방문 목적 키워드는 B상가가 단순한 쇼핑 공간을 넘어, 하나의 문화 콘텐츠로서 소비되고 있음을 증명한다. 이는 잠재 고객을 지속적으로 창출하고 상권 전체에 활력을 불어넣는 힘이 된다. 따라서 AI는 B상가의 임대료 안정성과 자산 가치 상승 잠재력이 A상가보다 월등히 높다고 결론 내린다.

■ 가상 사례 2 – 온라인 소비 시대, 두 물류센터의 가치 평가

1) **현황:** 온라인 소비의 급증에 따라 중요성이 커진 물류센터. 도심 외곽에 비슷한 규모로 위치한 C물류센터와 D물류센터의 가치를 소비자 행동 패턴과 연계하여 분석해 보자. C는 소수의 대형 유통사에게만 임대된 전통적인 물류창고이며, D는 다수의 중소형 온라인 쇼핑몰이 함께 이용하며 빠른 배송을 지원하는 '도심형 물류센터(Micro Fulfillment Center)'이다.

2) **분석:** C물류센터(전통형) vs. D물류센터(도심형) 가치 분석

구분	C물류센터 (대형 유통사 전용)	D물류센터 (다수 쇼핑몰 공동 이용)
주요 소비자 행동 패턴	계획된 대량 구매 (주 1회)	즉시적 소량 구매 (수시)
연관 소비 트렌드 (AI 분석)	생필품, 공산품 대량 구매	퀵커머스, 라이브 커머스, 새벽 배송
필요 배송 속도	D+2일 (2일 내 배송)	D+0.5일 (반나절 내 배송)
부동산 수요 예측	안정적이나 확장성 낮음	폭발적 증가 추세
공실률 위험도 (AI 예측)	보통 (소수 임차인 의존)	낮음 (다수 임차인으로 위험 분산)
자산 가치 성장 잠재력	1.5 (보통)	4.2 (매우 높음)

3) **분석 결과:** 소비자들이 더 빠르고, 더 유연한 배송을 원하게 되는 행동 패턴의 변화는 D물류센터의 가치를 극적으로 끌어올린다. 생성형 AI는 퀵커머스, 라이브 커머스와 같은 새로운 소비 트렌드가 확산될수록, 도심과 가까운 곳에서 즉각적인 배송을 지원하는 D물류센터와 같은 시설의 수요가 폭발적으로 증가할 것이라고 예측한다.

반면, C물류센터는 여전히 중요하지만, 변화하는 소비 패턴에 대응하기에는 유연성이 부족하다. 또한 소수의 대형 임차인에 의존하는 구조는 공실 발생 시 더 큰 위험을 수반한다. AI는 이러한 소비자 행동 패턴의 변화를 근거로, D물류센터의 자산 가치 성장 잠재력을 C물류센터보다 훨씬 높게 평가하며, 이는 새로운 시대의 상업부동산 가치 평가 기준을 명확히 보여준다.

결론적으로, 소비자의 마음과 행동을 읽어내는 능력은 미래 상업부동산의 가치를 결정하는 핵심 열쇠이다. 생성형 AI는 그 열쇠를 우리 손에 쥐여주는 가장 강력한 도구이며, 이를 통해 우리는 도시 공간의 미래를 더욱 정확하게 예측하고 창조해 나갈 수 있을 것이다.

4

빅데이터와 AI를 활용한 상권 성장 가능성 예측 모델과 가상사례

4.1. 미래의 상권을 예측하다: 빅데이터와 AI 기반 상권 성장 예측 모델

미래를 예측하는 것은 인간의 오랜 욕망이었고, 도시계획과 부동산 투자 분야에서는 그 중요성이 더욱 절실하다. 어떤 상권이 미래의 '핫플레이스'가 될지, 어떤 지역이 쇠락의 길을 걷게 될지를 미리 알 수 있다면, 우리는 더 효율적인 도시를 만들고 더 현명한 투자 결정을 내릴 수 있을 것이다. 과거에는 전문가의 직관이나 제한된 데이터에 의존해 미래를 어렴풋이 짐작할 뿐이었지만, 이제 빅데이터와 생성형 AI의 결합은 상권의 성장 가능성을 과학적으로 예측하는 강력한 예측 모델을 우리에게 선물했다.

상권 성장 가능성 예측 모델은 특정 상권의 미래를 다각적으로 시뮬레이션 하는 일종의 '디지털 크리스털 볼'이라 할 수 있다. 이 모델의 핵심은 다양한 종류의 빅데이터를 통합적으로 분석하는 데 있다. 모델은 앞서 다룬 카드 매출 데이터, 유동인구 데이터, 소비자 행동 패턴 데이터는 물론, 여기에 더해 소상공인 창업 및 폐업률, 권리금 및 임대료 시세 변화, 소셜미디어에서의 지역 평판, 주변 지역 개발 계획 등 상권의 건강 상태와 잠재력을 나타내는 수많은 데이터를 동시에 학습한다.

생성형 AI는 이렇게 입력된 방대한 이종(異種) 데이터를 바탕으로, 각 데이터 간의 복잡한 상호작용과 인과관계를 스스로 학습하여 패턴을 찾아낸다. 예를 들어, '20대 여성의 유동인구 증가'와 '특정 F&B 업종의 카드 매출 상승', 그리고 'SNS에서의 긍정적 언급량 증가'라는 세 가지 데이터 흐름이 특정 시차를 두고 반복적으로 나타나는 패턴을 발견할 수 있다. AI는 이러한 패턴을 기반으로, 유사한 초기 신호를 보이는 다른 상권의 미래 성장 가능성을 높은 정확도로 예측하게 된다. 이는 단순히 과거의 데이터를 분석하는 것을 넘어, 데이터를 기반으로 가장 확률 높은 미래 시나리오를 생성하고 제시하는 생성형 AI의 진정한 능력을 보여주는 대목이다.

4.2. 빅데이터와 AI 기반 상권 성장 예측모델 가상 사례

■ 가상 사례 1 – '알파 지구' vs. '베타 지구' 성장 잠재력 비교

1) **현황:** 현재 비슷한 수준의 상권을 형성하고 있는 두 신도시, '알파 지구'와 '베타 지구'가 있다. 생성형 AI 기반 예측 모델이 두 지역의 미래 성장 가능성을 분석한 가상 결과는 다음과 같다.

2) **분석:** 알파 지구 vs. 베타 지구 상권 성장 가능성 예측 모델 분석

예측 변수	알파 지구	베타 지구
월평균 매출액 성장률 (과거 1년)	+8%	+7.5%
창업률 대비 폐업률	1.5: 1 (창업 우위)	1.1: 1 (창업 근소 우위)2
2030 소비 주도층 유입률	+12%	+5%
'경험 소비' 관련 키워드 버즈량	월 20,000건	월 5,000건
교통 인프라 개선 계획	2년 내 지하철 노선 연장 확정	구체적 계획 없음
AI 예측 3년 후 상권 등급	A+ (최상위권 도약)	B0 (현상 유지 또는 소폭 하락)
AI 예측 3년 후 평균 임대료 상승률	+35%	+8%

3) 분석 결과와 시사점: 현재의 매출 성장률은 비슷해 보이지만, AI 예측 모델은 알파 지구의 압도적인 성장 잠재력에 주목한다. 그 근거는 미래 소비의 핵심이 될 2030 세대의 높은 유입률, '경험 소비'에 대한 높은 관심도, 그리고 지하철 연장이라는 명확한 교통 호재이다. AI는 이러한 개별 데이터들이 서로 긍정적인 시너지를 일으키며 향후 3년 내 알파 지구의 상권을 폭발적으로 성장시킬 것이라는 시나리오를 생성했다.

반면, 베타 지구는 현재 상태는 양호하나 미래 성장 동력이 부족하여 장기적으로는 정체될 가능성이 높다고 예측한다. 이는 부동산 투자 관점에서 단기적 수익률보다 장기적 성장 잠재력을 파악하는 것이 얼마나 중요한지를 보여준다.

■ 가상 사례 2 – 구도심 '센트럴 로드'의 부활 가능성 진단

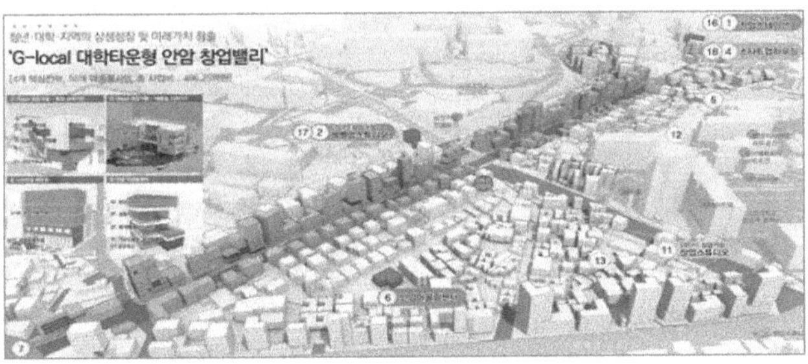

도시재생 뉴딜사업 23곳 선정, https://www.enewstoday.co.kr

1) 현황: 한때 번화했지만 지금은 쇠퇴하고 있는 구도심 상권 '센트럴 로드'의 미래는 어떻게 될까? 지방자치단체는 이 지역의 활성화를 위해 '도시재생 프로젝트'를 계획 중이다. AI 예측 모델을 통해 이 프로젝트의 성공 가능성을 진단해 보자.

2) 분석: '센트럴 로드' 도시재생 프로젝트 성공 가능성 예측 분석

예측 변수	시나리오 A (현상 유지)	시나리오 B (도시재생 프로젝트 실행)
향후 5년 유동인구 변화 예측	-15%	+40% (특히 주말 방문인구 중심)
주요 타겟 소비층 변화 예측	50대 이상 장년층 중심 유지	2040 가족 단위 및 문화 향유층으로 전환
예상 공실률 변화	25% → 35% (증가)	25% → 10% (감소)
AI 예측 상권 이미지 키워드	낡음, 불편함, 추억	힙한, 걷고싶은, 로컬, 문화
프로젝트 성공 확률 (AI 예측)	-	85%
성공 시 예상 부동산 가치 상승률	-	평균 45% (최대 70%)

3) 분석 결과: AI 예측 모델은 도시재생 프로젝트가 성공적으로 실행될 경우, 센트럴 로드가 맞이할 극적인 반전의 미래를 그려낸다. 프로젝트의 핵심인 보행 친화적 환경 개선, 로컬 크리에이터 지원, 문화 시설 유치 등이 성공적으로 이루어진다고 가정했을 때, AI는 유동인구의 양적 증가 뿐만 아니라 질적인 변화(젊은 층과 가족 단위 유입)를 예측한다.
이는 공실률 감소와 임대료 상승으로 직결되며, 상권 전체의 이미지를 긍정적으로 탈바꿈 시킬 것이다. AI는 프로젝트 성공 확률을 85%로 매우 높게 예측하며, 이는 정책 결정자와 투자자에게 해당 프로젝트를 강력하게 추진해야 한다는 객관적인 근거를 제시한다.

5

도시부동산 상권 변화 모니터링의 실시간 분석과 가상사례

5.1. 도시의 살아있는 심전도: 실시간 상권 변화 모니터링

도시와 상권은 결코 멈춰 있지 않고 살아있는 생명체처럼 끊임없이 변화한다. 어제는 한적했던 골목이 오늘은 새로운 명소로 떠오르고, 견고해 보였던 상권이 예기치 못한 변수로 인해 활력을 잃기도 한다. 이처럼 역동적인 도시의 변화를 시차 없이 포착하고 그 의미를 해석하는 것은 미래 부동산 가치를 평가하는 데 있어 가장 진보한 기술이라 할 수 있다. 실시간 상권 변화 모니터링은 바로 이 역할을 수행하는, 도시의 건강 상태를 24시간 체크하는 '디지털 심전도(ECG)' 시스템이다.

이 시스템은 특정 지역의 다양한 데이터 스트림을 지속적으로 수집하고 분석하는 실시간 대시보드(Real-time Dashboard) 형태로 구현된다. 카드 매출, 유동인구, 교통량, SNS 버즈량, 배달 주문 데이터 등 상권의 활력과 관련된 모든 데이터가 지연 없이 시스템으로 흘러 들어 온다. 생성형 AI는 이 방대한 실시간 데이터를 학습하여 평소의 '정상 상태(Normal State)' 패턴을 인지하고 있다가, 이 패턴에서 벗어나는 미세한 '이상 신호(Anomaly Signal)'나 유의미한 변화를 즉각적으로 감지해낸다.

예를 들어, 특정 지역에서 갑자기 특정 연령대의 유동인구가 급증하거나, 특정 업종의 심야 시간대 매출이 평소와 다른 패턴으로 뛰어오르는 현상을 포착할 수 있다. 생성형 AI는 이러한 개별적인 신호를 종합하여 '새로운 트렌드의 시작'인지, '일시적인 이벤트로 인한 현상'인지, 혹은

'상권 쇠퇴의 전조'인지를 실시간으로 분석하고 해석하여 경보를 보낸다.

이는 마치 의사가 환자의 심전도 그래프에서 이상 파형을 발견하고 즉시 원인을 진단하는 것과 같다. 이러한 실시간 모니터링은 상권의 변화에 대한 사후적 분석이 아닌, 변화의 시작점에서 즉각적으로 대응하고 미래를 준비할 수 있는 전례 없는 통찰력을 제공한다.

5.2. 도시부동산 상권 변화 모니터링의 실시간 분석 가상 사례

■ 가상 사례 1 – '노스탤지어 골목'의 젠트리피케이션 초기 신호 감지

팔뚝 근육 닮은 오래된 간판들이 그립다 : 네이트 뉴스
https://news.nate.com/

1) 현황: 오래된 가게들이 즐비한 조용한 주택가 '노스탤지어 골목'. 이곳의 변화를 실시간 모니터링 시스템이 어떻게 포착하는지 살펴보자.

2) 분석: '노스탤지어 골목' 실시간 변화 모니터링 대시보드 (3개월 관찰)

모니터링 지표	3개월 전 (평시 상태)	현재 (실시간 분석)	AI 진단 및 해석
주말 방문객 유형	50대 이상 거주민 (70%)	20대 후반~30대 여성 (45%)	핵심 소비층의 급격한 변화 감지
주요 소비 업종	슈퍼마켓, 세탁소, 반찬가게	소품샵, 디저트 카페, 독립서점	'목적성 방문' 업종으로의 전환 시작
SNS 키워드 언급량	월 50건 미만	월 1,500건 (주로 '레트로', '숨은맛집')	온라인을 통한 자발적 바이럴 확산

시간대별 체류 시간	평균 20분 이내(단기 체류)	평균 75분 (장기 체류)	단순 통과 지역에서 체류형 공간으로 변화
부동산 매물 검색량	주 10회 미만	주 150회 이상 (특히 소형 상가)	잠재 투자 수요의 급증 (젠트리피케이션 전조)

3) **분석 결과:** AI는 부동산 매물 검색량의 급증을 매우 중요한 신호로 판단, 이는 "젠트리피케이션(Gentrification)"의 초기 단계에 진입했음을 알리는 강력한 경고등을 켜고 있다.

모니터링 시스템은 매출액의 큰 변화가 나타나기 전부터 상권의 '질적 변화'를 먼저 감지했다. 핵심 방문객이 거주민에서 외부 젊은 층으로 바뀌고, 이들이 선호하는 새로운 유형의 가게들이 생겨나며, 온라인에서 입소문이 나기 시작한 것이다.

4) **시사점:** 특히 AI는 부동산 매물 검색량의 급증을 매우 중요한 신호로 판단, 이는 "젠트리피케이션(Gentrification)"의 초기 단계에 진입했음을 알리는 강력한 경고등이다. 이 정보를 활용하여 기존 소상공인은 업종 전환을 고려하거나, 투자자는 저평가된 부동산을 선점하는 기회를 잡을 수 있다.

■ 가상 사례 2 – 대형 쇼핑몰 입점에 따른 기존 상권 영향 실시간 분석

타임스퀘어, 동탄에 대형 복합쇼핑몰 '타임테라스' 문 연다 | TENANT news

1) **현황:** 지역의 터줏대감 역할을 하던 '이스트우드 상권' 인근에 대형 복합 쇼핑몰 '메가 플렉스'가 개점했다. 개점 직후 기존 상권에 미치는 영향을 실시간으로 분석한 결과는 다음과 같다.

2) **분석:** '메가 플렉스' 개점 후 '이스트우드 상권' 실시간 영향 분석 리포트

모니터링 지표	'메가 플렉스' 개점 전	개점 1개월 후 (실시간 분석)	AI 진단 및 해석
주중 저녁 F&B 매출	-	-35% (급감)	소비 이탈 현상 발생 (블랙홀 효과)
주말 가족 단위 유동인구	-	-50% (급감)	핵심 유동인구 그룹의 목적지 변경
지역 내 내비게이션 목적지 설정	'이스트우드' 60%: '기타' 40%	'메가플렉스' 55%: '이스트우드' 25%	지역 내 중심축(Anchor)의 이동 확인
'이스트우드' 관련 부정적 SNS 키워드	주차난, 낡음	주차난, 비싼 가격, 갈 곳 없음	경쟁력 약화에 대한 소비자 불만 표출
단기 공실률 예측	5%	12% (3개월 후 예측치)	임대 안정성 급격한 악화 예상

3) **분석 결과와 시사점:** AI는 이러한 데이터를 기반으로 단기 공실률이 급증할 것을 예측하며, 이는 기존 상가 건물주들에게 임대료 조정이나 업종 구성(MD) 재편 등 즉각적인 대응 전략이 필요함을 강력하게 시사한다.

실시간 모니터링 시스템은 '메가 플렉스' 개점 단 1개월 만에 '이스트우드 상권'의 핵심 경쟁력이었던 "F&B와 가족 단위 방문객을 흡수당하는 현상(블랙홀 효과)"을 명확히 포착했다. 내비게이션 데이터는 사람들의 인식과 발길이 이미 새로운 중심으로 옮겨 갔음을 증명한다. AI는 이러한 데이터를 기반으로 단기 공실률이 급증할 것을 예측하며, 이는 기존 상가 건물주들에게 임대료 조정이나 업종 구성(MD) 재편 등 즉각적인 대응 전략이 필요함을 강력하게 시사한다. 이처럼 실시

간 분석은 경쟁 환경의 변화가 부동산 자산 가치에 미치는 영향을 손에 잡힐 듯이 보여준다. 결론적으로, 실시간 상권 변화 모니터링 기술은 도시와 부동산을 정적인 객체가 아닌, 끊임없이 상호작용하고 진화하는 유기체로 바라보게 만든다.

6

상업용 부동산 AI기반 투자 전략 수립 시 데이터 활용과 가상사례

6.1. 데이터, 투자의 나침반이 되다: AI 기반 상업용 부동산 투자 전략

상업용 부동산 투자는 높은 수익을 기대할 수 있는 만큼 복잡하고 미묘한 위험 요소를 동반한다. 성공적인 투자는 결국 '미래 가치가 상승할 자산을 남들보다 먼저, 합리적인 가격에 확보'하는 능력에 달려있다. 과거 이 능력은 소위 '전문가의 감'이라 불리는 경험과 직관의 영역에 크게 의존했다. 하지만 오늘날, 생성형 AI는 방대한 데이터를 과학적으로 분석하여 최적의 투자 전략을 수립하는 강력한 두뇌 역할을 수행하며, 투자의 패러다임을 근본적으로 바꾸고 있다.

AI 기반 투자 전략의 핵심은 다양한 데이터를 융합하여 인간이 파악하기 어려운 기회와 위험을 식별하는 것이다. 이 과정에서 AI는 단순히 부동산의 물리적 조건이나 현재 임대 수익률과 같은 전통적인 데이터에만 머무르지 않는다. 앞서 논의된 상권의 성장 가능성, 소비자 행동 패턴, 실시간 변화 모니터링 데이터는 물론, 금리 변동, 산업별 경기 전망, 인구 구조 변화, 정부 정책 방향 등 거시 경제 지표와 사회적 트렌드 데이터까지 통합하여 분석한다.

생성형 AI는 이 모든 데이터를 바탕으로 다양한 투자 시나리오를 시뮬레이션하고, 각 시나리오별 '기대수익률(Expected Return)'과 '위험도(Risk Level)'를 정량적으로 제시한다. 예를 들어, 특정 저평가된 오피스 빌딩을 매입하는 전략을 수립한다고 가정해 보자. AI는 해당 지역의 공유 오피스 수요 증가율, 주변 IT 기업의 성장세, 그리고 미래의 원격 근무 확산 트렌드가 건물 가치에 미칠 영향을 종합적으로 계산한다.

이를 통해 '3년 후 리모델링을 통해 IT 스타트업 특화 건물로 전환 시 예상되는 수익률'과 같은 구체적이고 실행 가능한 투자 아이디어를 도출해낸다. 이는 더 이상 감에 의존하는 투자가 아닌, 데이터에 기반한 '증거 기반 투자(Evidence-Based Investment)' 시대가 열렸음을 의미한다.

6.2. 상업용 부동산 AI기반 투자 전략 수립 시 데이터 활용가상 사례

■ 가상 사례 1 – AI가 발굴한 '숨은 진주' – 저평가 자산 인수 전략

중대형 오피스 매매액 증가…구분소유 매매 늘어 | 연합뉴스

1) **현황**: 투자 회사 '알파 캐피탈'은 AI 투자 모델을 활용하여 서울의 한 중급 오피스 빌딩 '센트럴 타워'의 인수 여부를 검토하고 있다. 표면적

으로는 평범한 이 건물을 AI는 어떻게 평가했을까?

2) 분석: '센트럴 타워' AI 기반 저평가 자산 분석 리포트

분석 항목	전통적 평가 방식	AI 기반 종합 분석	AI의 전략적 제안
현재 공실률	15% (다소 높음)	현 임차인 구성 노후화가 원인으로 진단	리모델링 후 '미디어/콘텐츠' 특화 MD 구성
주변 상권 분석	평범한 오피스 상권	반경 1km 내 방송국, 스튜디오 다수 포진	1인 미디어 및 스타트업 대상 공유 오피스 수요 급증 예측
잠재 임차인 수요	불확실	관련 산업 성장률 연 15% 이상	주변 대비 20% 높은 임대료 책정 가능
예상 투자수익률 (IRR)	연 6% (평균 수준)	연 12.5% (매우 높음)	용도 변경 및 리모델링 조건부 '강력 매수' 추천
주요 리스크	높은 공실률 지속 위험	리모델링 기간 동안의 수익 공백	선(先)임차 계약 확보 후 공사 진행으로 리스크 관리

3) 분석 결과와 시사점: 전통적 방식으로는 높은 공실률 때문에 매력도가 떨어졌던 '센트럴 타워'를, AI는 주변 산업 생태계와 잠재 수요 데이터를 연결하여 '숨은 진주'로 재평가했다. AI는 단순히 건물을 보는 것이 아니라, 그 건물이 위치한 지역의 산업적 맥락을 읽어낸 것이다.

AI는 리모델링을 통해 미디어 및 콘텐츠 기업을 타겟으로 할 경우, 공실률을 획기적으로 낮추고 임대 수익을 극대화할 수 있다는 구체적인 전략을 제시했다. 이처럼 AI는 데이터 이면에 숨겨진 부동산의 잠재 가치를 발굴하고, 가치 상승을 위한 명확한 로드맵까지 제공하는 전략가로서 기능한다.

■ 가상 사례 2 – '위기'를 '기회'로 – AI 기반 포트폴리오 최적화 전략

1) **현황:** 부동산 펀드 '베타 에셋'은 서울 시내 주요 상권에 여러 개의 리테일 상가를 보유하고 있다. 온라인 쇼핑의 확산으로 리테일 시장의 불확실성이 커지자, AI 모델을 통해 보유 자산 포트폴리오의 재조정(리밸런싱) 전략을 수립했다.

2) **분석:** '베타 에셋' 리테일 포트폴리오 AI 리밸런싱 전략

보유 자산	자산 특성	AI 진단 (향후 3년 예측)	AI 추천 전략
A상가 (명동)	외국인 관광객 의존도 높음	관광객 회복 더딤, 온라인 면세점과 경쟁 심화	매각 후 '물류센터' 자산으로 교체
B상가 (홍대)	F&B, 체험형 매장 중심	'경험 소비' 트렌드로 안정적 성장세 유지	보유 및 추가 투자 (핵심 자산)
C상가 (강남)	명품, 하이엔드 브랜드 입점	경기 불황에도 견고한 수요, 희소성 부각	장기 보유 (가치 안정 자산)
D상가 (성수)	소규모, 개성 있는 브랜드	젠트리피케이션 가속화, 임대료 급등	단기 가치 상승 후 매각 (시세 차익 실현)
AI 포트폴리오 조정 후	예상 수익률: +4%p, 예상 위험도: -15%p		

3) **분석 결과와 시사점:** 이는 포트폴리오 전체의 수익성을 높이면서 동시에 위험은 분산시키는 최적화된 의사결정으로, AI가 얼마나 정교한 투자 전략가가 될 수 있는지를 명확히 보여준다.

AI는 모든 리테일 상가를 동일하게 보지 않았다. 각 상가가 위치한 상권의 특성과 변화하는 소비 트렌드를 정밀하게 분석하여 자산별로 차별화된 전략을 제시했다. 회복이 더딘 명동의 A상가는 과감히 매각하고, 성장하는 온라인 시장에 대응하기 위해 물류센터 자산을 편입할 것을 추천했다.

반면, 경험 소비의 중심지인 홍대 B상가는 핵심 자산으로 유지하고, 희소성이 높은 강남 C상가는 안정 자산으로 보유하며, 급격한 가치 상승이 예상되는 성수 D상가는 적절한 시점에 매각하여 차익을 실현하는 다각적인 전략을 수립했다. 이는 포트폴리오 전체의 수익성을 높이면서 동시에 위험은 분산시키는 최적화된 의사결정으로, AI가 얼마나 정교한 투자 전략가가 될 수 있는지를 명확히 보여준다.

종합하면, 생성형 AI와 빅데이터는 더 이상 상업용 부동산 투자의 보조 도구가 아니다. AI는 시장의 복잡한 데이터를 해석하여 미래를 예측하고, 최적의 투자 전략을 설계하는 투자의 핵심 파트너로 자리매김하고 있다. 데이터에 기반한 AI의 통찰력은 불확실한 시장 환경 속에서 성공적인 투자를 위한 가장 신뢰할 수 있는 나침반이 될 것이다.

제4장

GAN을 활용한 부동산 가치 시뮬레이션

1

생성적 적대신경망(GAN)의 목표, 작동원리 및 기술, 역할, 장단점, 도시부동산 활용예시

생성적 적대 신경망(Generative Adversarial Network, GAN)은 딥러닝 모델의 한 종류로, 진짜 같은 가짜 데이터(이미지, 텍스트, 사운드 등)를 생성하는 데 탁월한 능력을 보여주는 기술이다. 이는 서로 경쟁하며 학습하는 두 개의 신경망을 통해 구현되며, AI 기술에서 가장 혁신적이고 흥미로운 분야 중 하나로 평가받는다.

1.1.GAN의 목표

GAN의 궁극적인 목표는 실제 데이터와 구별할 수 없을 정도로 사실적인 가상 데이터를 생성하는 것이다. 이는 단순히 원본을 복사하는 것이 아니라, 원본 데이터가 가진 본질적인 특징과 분포를 학습하여 세상에 존재하지 않았던 새로운 데이터를 '창조'하는 것을 의미한다.

위조지폐범이 진짜 지폐와 똑같은 가짜 지폐를 만들려는 것과 같이, GAN은 실제 데이터셋을 모방하여 그럴듯한 결과물을 만들어내는 것을 목표로 한다.

1.2. 작동 원리 및 기술

GAN은 생성자(Generator)와 판별자(Discriminator)라는 두 개의 신경망이 서로 적대적(Adversarial)으로 경쟁하며 학습하는 구조를 가진다.

(1) **생성자**(Generator, G): '위조지폐범' 역할이다. 무작위 노이즈(Random Noise, z)를 입력받아 이를 실제 데이터처럼 보이는 가짜 데이터(G(z))로 변환하는 임무를 수행한다. 처음에는 조잡한 결과물을 만들지만, 판별자의 피드백을 통해 점차 정교한 가짜 데이터를 생성하도록 진화한다.

(2) **판별자**(Discriminator, D): '경찰' 또는 '감정사' 역할이다. 실제 데이터(Real Data)와 생성자가 만든 가짜 데이터(Fake Data)를 입력받아, 이것이 진짜인지 가짜인지를 판별(0 또는 1로 판단)하는 임무를 수행한다. 판별자는 진짜와 가짜를 더 정확하게 구별해내기 위해 노력한다.

이 둘의 학습은 서로를 속고 속이는 게임처럼 진행된다.

(1) 생성자(G)는 판별자(D)를 속이기 위해 최대한 진짜 같은 데이터를 만들려고 학습한다.

(2) 판별자(D)는 생성자(G)에게 속지 않기 위해 진짜와 가짜를 구별하는 능력을 더욱 정교하게 학습한다.

이 경쟁 과정이 반복되면서, 두 모델의 성능은 함께 발전한다. 결국 생성자가 만든 가짜 데이터가 너무나 사실적이어서 판별자가 진짜와 가짜를 구별할 확률이 50% (동전 던지기 수준)에 이르게 되면, 학습은 균형점(내쉬 균형, Nash Equilibrium)에 도달했다고 본다. 이 시점의 생성자는 매우 뛰어난 데이터 생성 능력을 갖추게 된다.

1.3. GAN의 역할

GAN의 핵심 역할은 데이터셋의 기본 패턴과 확률 분포를 학습하여 새로운 데이터를 생성하는 '현실 모방 및 창조 엔진'으로 기능하는 것이다. 이는 단순히 데이터를 분류하거나 예측하는 전통적인 AI의 역할을 넘어, 능동적으로 콘텐츠를 만들어내는 창의적인 역할을 수행함을 의미한다.

1.4. 장점과 단점

구분	내용
장점	1. 고품질 데이터 생성: 현존하는 생성 모델 중 가장 사실적이고 선명한 결과물을 만들어낸다. 2. 비지도 학습: 정답이 라벨링된 데이터가 아닌, 실제 데이터셋만 있으면 학습이 가능하다. 3. 무한한 창의성: 학습된 데이터의 특징을 조합하여 세상에 없던 새로운 디자인, 이미지, 음악 등을 창조할 수 있다.
단점	1. 학습의 불안정성: 생성자와 판별자 간의 균형이 깨지기 쉬워 학습 과정이 매우 불안정하고 어렵다. 특히 생성자가 소수의 결과물만 반복해서 생성하는 '모드 붕괴(Mode Collapse)' 현상이 자주 발생한다. 2. 평가의 어려움: 생성된 결과물이 얼마나 '좋은지'를 객관적인 수치로 평가하기가 매우 까다롭다. 3. 악용 가능성: 딥페이크(Deepfake)와 같이, 가짜 뉴스나 사기 등 사회적으로 유해한 콘텐츠를 만드는 데 악용될 소지가 크다.

1.5. 도시부동산 분야 활용 예시

GAN의 강력한 생성 능력은 도시계획, 부동산 개발, 건축 디자인 분야에서 혁신적인 변화를 가져올 잠재력을 가진다.

■ 가상 건축 및 도시 경관 시뮬레이션

- 특정 부지에 신축될 건물의 디자인을 입력하면, GAN이 해당 건물이 주변 환경과 어우러지는 사실적인 3D 렌더링 이미지나 동영상을 수백 가지 버전으로 자동 생성한다. 시간대(낮/밤), 계절(봄/여름/가을/겨울)에 따른 경관 변화까지 시뮬레이션 하여 건축 설계와 의사결정을 돕는다.

1) 노후 지역 재개발 미래 모습 생성

- 낙후된 구도심이나 재개발 예정 지역의 현재 사진을 입력하면, GAN이 재개발 후의 미래 모습을 사실적인 이미지로 생성하여 보여준다. 이는 주민들에게 개발 비전을 직관적으로 제시하고, 투자자들에게 잠재적 가치를 시각 화하여 설득하는 데 효과적으로 사용될 수 있다.

2) 부동산 데이터 증강 (Data Augmentation)

- 특정 유형의 부동산(예: 특정 지역의 고급 펜트하우스, 한옥 주택)은 거래 데이터가 매우 적어 AI 가치 평가 모델을 학습시키기 어렵다. GAN을 이용하면, 소수의 실제 데이터를 기반으로 수백 개의 사실적인 가상 매물 데이터(내부 사진, 평면도, 예상 가격 등)를 생성하여 학습 데이터셋을 보강하고, 이를 통해 평가 모델의 정확도를 획기적으로 높일 수 있다.

3) 자동 인테리어 디자인 및 가상 홈스테이징

- 비어있는 아파트나 주택의 내부 사진을 GAN에 입력하고 '미니멀리즘 스타일', '북유럽 스타일' 등의 키워드를 제시하면, AI가 해당 스타일에 맞는 가구와 소품이 배치된 여러 버전의 인테리어 이미지를 즉시 생성한다. 이는 잠재적 구매자나 임차인에게 부동산의 매력을 극대화하여 보여주는 가상 홈스테이징(Virtual Home Staging) 서비스에 활용된다.

■ 생성적 적대 신경망(GAN)의 부동산 분야 활용의 목표, 분석방법, 역할, 도시부동산 활용예시

구분	세부 내용
목표	실제 데이터의 본질적 특징과 분포를 학습하여, 세상에 존재하지 않았던 사실적인 가상 데이터를 창조하는 것을 궁극적 목표로 한다.
작동원리 및 기술	생성자(Generator)와 판별자(Discriminator)라는 두 신경망이 서로 적대적으로 경쟁하며 학습하는 구조를 가진다. - 생성자(G): '위조지폐범' 역할. 무작위 노이즈로부터 실제 데이터와 유사한 가짜 데이터를 생성하도록 학습한다. - 판별자(D): '경찰' 역할. 입력된 데이터가 실제 데이터인지 생성자가 만든 가짜 데이터인지를 판별하도록 학습한다. - 적대적 학습: 두 모델이 경쟁하며 함께 성능이 발전하고, 판별자가 진짜와 가짜를 구별할 확률이 50%가 되는 균형점(내쉬 균형)에 도달할 때까지 학습을 반복한다.
역할	데이터셋의 기본 패턴과 확률 분포를 학습하여 새로운 데이터를 생성하는 '현실 모방 및 창조 엔진'으로 기능하며, 전통적 AI의 분석 역할을 넘어 능동적으로 콘텐츠를 만들어내는 창의적 역할을 수행한다.
장점	- 고품질 데이터 생성: 현존하는 생성 모델 중 가장 사실적이고 선명한 결과물을 생성한다. - 비지도 학습: 정답 라벨이 없는 실제 데이터셋만으로도 학습이 가능하다. - 무한한 창의성: 데이터의 특징을 조합하여 세상에 없던 새로운 결과물을 창조할 수 있다.
단점	- 학습의 불안정성: 생성자와 판별자 간의 균형 유지가 어려워 학습이 불안정하며, '모드 붕괴(Mode Collapse)' 현상이 발생하기 쉽다. - 평가의 어려움: 생성된 결과물의 품질을 객관적인 수치로 평가하기가 까다롭다. - 악용 가능성: 딥페이크(Deepfake)와 같이 사회적으로 유해한 콘텐츠 제작에 악용될 소지가 있다.

도시부동산 활용 예시	- 가상 건축 및 도시 경관 시뮬레이션: 건축물의 3D 렌더링 이미지를 다양한 시간대와 계절에 따라 자동 생성하여 건축 설계를 지원한다. - 노후 지역 재개발 미래 모습 생성: 재개발 예정 지역의 현재 사진을 기반으로 미래 모습을 사실적 이미지로 생성하여 비전 제시 및 투자 유치에 활용한다. - 부동산 데이터 증강: 거래가 드문 부동산의 소수 실제 데이터를 기반으로 다수의 가상 매물 데이터를 생성하여, 가치 평가 모델의 학습 데이터셋을 보강하고 정확도를 향상시킨다. - 자동 인테리어 디자인 및 가상 홈스테이징: 비어 있는 주택 내부 사진에 특정 스타일 키워드를 적용하여, 가구와 소품이 배치된 다양한 인테리어 이미지를 자동으로 생성한다.

2

GAN을 활용한 실 거래가 기반의 가상 부동산 거래 데이터 생성 방법과 가상사례

2.1. 데이터의 연금술사, GAN의 등장

도시의 미래 가치를 예측하고 부동산의 잠재력을 평가하는 일은 마치 안개 속에서 길을 찾는 것과 같다. 특히 신도시 개발 지역이나 대규모 재개발이 예정된 곳처럼 과거 데이터가 절대적으로 부족한 경우, 우리의 분석은 한계에 부딪히게 된다.

만약, 아직 존재하지 않는 도시의 미래 거래 데이터를 수만, 수십만 건 생성해 볼 수 있다면 어떨까? 존재하지 않는 데이터를 마치 실제처럼 만들어내는 '데이터의 연금술', 이것이 바로 생성적 적대 신경망, 즉 "GAN(Generative Adversarial Network)"이 우리에게 선사하는 환상적인 가능성이다.

GAN은 단순히 과거 데이터를 분석하는 것을 넘어, 데이터의 내재적 패턴과 특징을 학습하여 세상에 존재하지 않았던 새로운 가상 데이터를 생성해내는 놀라운 기술이다. 본 장에서는 GAN이 어떻게 부동산 데이터의 한계를 극복하고, 우리에게 미래를 시뮬레이션 할 수 있는 가상의 실험실을 제공하는지, 그 핵심 원리와 더욱 명료해진 구체적인 사례를 통해 탐험해 본다.

2.2. 핵심 원리: 위조지폐범과 감별사의 끝없는 대결

GAN의 작동 원리를 가장 쉽게 이해하는 방법은 '위조지폐범(Generator)'과 '경찰(Discriminator)'의 관계를 떠올리는 것이다.

(1) **생성자(Generator):** 위조지폐범 생성자의 목표는 진짜와 거의 구별이 불가능한 '가짜 데이터(가상 부동산 거래 내역)'를 만들어내는 것이다. 처음에는 아주 서투른 위조지폐처럼 엉성한 데이터를 생성하지만, 점차 학습을 통해 정교한 데이터를 만들어낸다.

(2) **판별자(Discriminator):** 경찰 또는 은행 감별사 판별자의 목표는 생성자가 만든 데이터가 진짜인지 가짜인지를 판별하는 것이다. 판별자는 실제 부동산 거래 데이터(정부의 실거래가 공개 데이터 등)를 학습하여 진짜 데이터의 특징을 꿰뚫고 있다.

이 둘은 서로 적대적(Adversarial) 관계 속에서 함께 성장한다.

(1) **초기 단계:** 생성자가 조악한 가상 거래 데이터를 만들면, 판별자는 이를 쉽게 '가짜'라고 판별해낸다.

(2) **학습 과정:** 생성자는 판별자에게 '가짜'라는 피드백을 받고, 어떻게 하면 더 진짜처럼 만들 수 있을지 학습하여 더욱 정교한 데이터를 생성한다.

(3) **경쟁 심화:** 생성자가 점점 진짜 같은 데이터를 만들수록, 판별자 역시 진짜와 가짜를 구별하는 능력을 더욱 고도화해야만 한다.

(4) **최종 단계:** 이 경쟁이 수없이 반복되면, 생성자는 결국 판별자조차 속일 만큼 완벽에 가까운 가상 부동산 거래 데이터를 생성하게 된다.

이렇게 완성된 생성 모델은 우리가 원하는 특정 조건(예: 특정 지역, 특정 면적, 특정 건축 연도)을 입력했을 때, 그 조건에 맞는 가장 확률 높은 '가상 실거래가'를 포함한 데이터 한 세트를 즉시 생성해낼 수 있다. 이는 마치 특정 지역의 부동산 시장을 시뮬레이션 하는 강력한 '디지털 트윈(Digital Twin)'을 손에 넣는 것과 같다.

2.3. 가상 사례로 살펴보는 GAN의 환상적 활용법

이제 두 가지 가상 시나리오를 통해, GAN이 어떻게 도시계획가와 부동산 전문가, 그리고 일반 투자자에게 강력한 인사이트를 제공하는지 더욱 분명하게 정리된 표와 함께 살펴보자.

■ 가상 사례 1 – 미개척지에 들어설 신도시의 미래 가치 예측하기

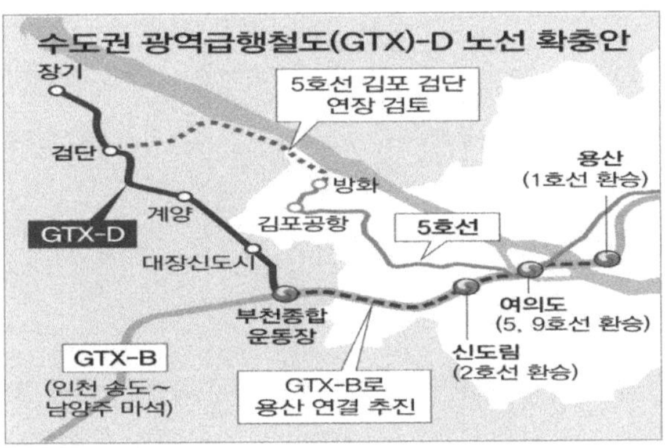

GTX-D 강남직결 무산… '김포~부천' 노선 확정 | 동아일보
https://www.donga.com/news

1) **상황:** 정부가 서울 외곽의 A 지역에 신규 지하철 노선을 개통하고, 3,000세대 규모의 스마트 신도시를 건설한다는 계획을 발표했다. 현재 이 지역은 논밭과 임야가 대부분이라 비교할 만한 아파트 실거래 데이터가 전무하다. 도시계획 전문가는 이 신도시의 미래 부동산 가치를 어떻게 예측하고, 적정 분양가를 산정할 수 있을까?

2) **GAN의 활용:** 수도권 내 유사 조건(지하철 개통, 신규 대단지)의 과거 데이터를 학습한 GAN 모델에, A 신도시의 미래 조건을 입력하여 가상의 거래 데이터를 생성한다.

3) GAN을 활용한 'A 신도시' 미래 가치 생성 시뮬레이션

공통 입력 조건: A 신도시(2028년 완공), 총 3,000세대, 스마트시티 인프라 적용

시뮬레이션 대상	입력 조건 (세부)	GAN 생성 결과 (가상 실거래가)
역세권 로열층	면적: 84m² 층수: 25층 중 21층 특징: 지하철역 도보 5분</li></ul>	13억 2,000만 원
공원 조망 중층	면적: 84m² 층수: 25층 중 15층 특징: 중앙공원 영구 조망	12억 8,000만 원
일반 동 저층	면적: 84m² 층수: 25층 중 3층 특징: 단지 내 커뮤니티 시설 인접	11억 9,000만 원
대형 펜트하우스	면적: 152m² 층수: 25층 중 25층 특징: 최상층, 테라스 보유</li></ul>	24억 5,000만 원

4) **분석결과와 시사점:** 표에서 보듯, GAN은 단순히 평균적인 가격 하나를 제시하는 것이 아니라, 같은 단지 내에서도 층수, 조망, 역과의

거리 등 세부 조건에 따라 달라지는 가격의 분포를 확률적으로 생성해낸다. 이를 통해 사업 시행사는 각 세대별로 차등 화된 합리적인 분양가를 책정할 수 있으며, 잠재적 구매자들은 자신의 예산과 선호에 맞는 매물의 예상 가치를 미리 가늠해볼 수 있다. 이는 데이터가 없는 미래 시장의 리스크를 획기적으로 줄여주는 역할을 한다.

■ 가상 사례 2 – 경제 위기 시뮬레이션과 부동산 시장의 스트레스 테스트

1) 현안 과제: 미국발 금리 인상이 국내 기준금리의 급격한 상승으로 이어질 경우, 강남구 B동의 부동산 시장은 얼마나 충격을 받을지 예측하고 싶다. 특히 고가의 대형 아파트와 상대적으로 저렴한 소형 빌라 중 어느 쪽이 더 큰 타격을 입을지 궁금하다.

2) GAN모델의 활용: 과거 20년간의 부동산 데이터에 당시 기준금리, 대출 규제 강도(LTV, DSR) 등 거시 경제 변수를 함께 학습시킨 GAN 모델을 사용하여, 특정 경제 충격 시나리오에 따른 가격 변화를 시뮬레이션 한다.

3) 외부 경제 충격(금리 인상)에 대한 'B동' 부동산 시장 스트레스 테스트

분석 대상 (자산 유형)	기준 시장 예측가 (기준금리 1.5% 가정)	충격 시나리오 예측가 (기준금리 4.5% 가정)	예상 가격 변동률
대형 고가 아파트 (150m², 35억 원)	35억 원	28억 7,000만 원	-18.0%
중형 아파트 (84m², 22억 원)	22억 원	18억 9,000만 원	-14.1%
소형 역세권 빌라 (59m², 8억 원)	8억 원	7억 500만 원	-11.9%
수익형 오피스텔 (40m², 5억 원)	5억 원	4억 1,500만 원	-17.0%

4) **분석결과와 시사점:** 시뮬레이션 결과는 우리에게 중요한 통찰을 준다. 대출 의존도가 높고 자산 규모가 큰 대형 고가 아파트가 금리 변동에 가장 민감하게 반응하고, 월세 수익률 하락과 공실 리스크가 동반되는 수익형 오피스텔 역시 큰 타격을 입는 '자산의 비대칭적 취약성'을 명확히 보여준다.

정책 입안자는 이를 바탕으로 취약 계층을 위한 선제적인 금융 안정 정책을 펼 수 있고, 투자자는 자신의 포트폴리오 리스크를 점검하는 '스트레스 테스트' 도구로 활용할 수 있다. 우리는 현실 세계에 아무런 피해 없이, 가상의 실험실 안에서 최악의 시나리오를 수없이 시뮬레이션하고 대비할 수 있게 되는 것이다.

종합하면, GAN을 활용한 가상 부동산 데이터 생성은 더 이상 공상 과학 소설 속 이야기가 아니다. 이는 데이터의 부재라는 현실적 장벽을 뛰어넘어, 아직 펼쳐지지 않은 미래를 시뮬레이션하고, 잠재된 리스크를 측정하며, 보다 합리적인 의사결정을 내리도록 돕는 강력한 도구다.

3

GAN을 활용한 인프라 변화 시나리오에 따른 도시부동산 가치 변화의 예측과 가상사례

3.1. 미래 도시를 시뮬레이션 하는 디지털 타임 머신

만약 우리 동네에 GTX 노선이 들어선다면 아파트 가격은 과연 얼마나 오를까? 동네의 낡은 공장이 최첨단 컨벤션 센터와 공원으로 탈바꿈한다면, 주변 상권과 주택 가격은 어떻게 변화할까? 지금까지 이러한 질문들은 과거의 유사 사례를 참고한 전문가의 직관이나 단편적인 데이터 분석에 의존해왔다. 하지만 이제, 우리는 생성형 AI, 특히 "GAN(Generative Adversarial Network)"이라는 강력한 디지털 시뮬레이터를 통해 이러한 미래 시나리오를 놀랍도록 정교하게 예측할 수 있게 되었다.

GAN은 단순히 존재하는 데이터를 모방하는 것을 넘어, 특정 조건의 '변화'가 전체 시스템에 미치는 영향을 학습하고, 그 결과를 가상의 데이터로 생성해내는 능력을 갖추고 있다. 이는 마치 미래로 떠나는 '디지털 타임머신'과 같다. 본 절에서는 도시의 운명을 바꾸는 '인프라 변화'라는 시나리오를 GAN 모델에 주입했을 때, 부동산 가치가 어떻게 반응하는지, 그 환상적인 예측의 세계를 구체적인 사례를 통해 탐험해 본다.

3.2. 핵심 원리: '조건'을 학습하고 '결과'를 창조하다

이전 절에서 우리는 GAN이 '위조지폐범(생성자)'과 '경찰(판별자)'의 경쟁을 통해 실제와 유사한 데이터를 생성함을 학습했다. 인프라 변화 예측은 여기서 한 단계 더 나아간다.

GAN 모델을 학습시킬 때, 단순히 부동산의 개별 특성(면적, 층수 등)뿐만 아니라, 부동산과 핵심 인프라 간의 '관계' 데이터를 함께 학습시키는 것이 핵심이다. 예를 들어, 부동산 A와 가장 가까운 지하철역까지의 거리, 대형 공원까지의 거리, 주요 업무지구까지의 소요 시간 등의 관계적 데이터를 특징(Feature)으로 삼는다.

이러한 데이터로 충분히 학습된 GAN의 생성자는 특정 부동산의 '인프라 조건'을 바꾸어 입력했을 때, 그 변화된 조건에 가장 적합한 '미래의 가상 거래가'를 생성해낼 수 있다. 즉, 아직 일어나지 않은 인프라 변화를 '가상의 조건(Scenario)'으로 설정하여, 그로 인해 발생할 '미래의 결과(Price Change)'를 미리 시뮬레이션 하는 것이다.

3.3. 가상 사례로 살펴보는 인프라 변화 예측

이제 두 가지 구체적인 가상 시나리오를 통해, GAN이 어떻게 도시의 미래 변화를 예측하는 강력한 도구가 되는지 명료하게 정리된 표와 함께 살펴보자.

■ 가상 사례 1 – GTX 노선 신설과 수도권 외곽 도시의 가치 재편

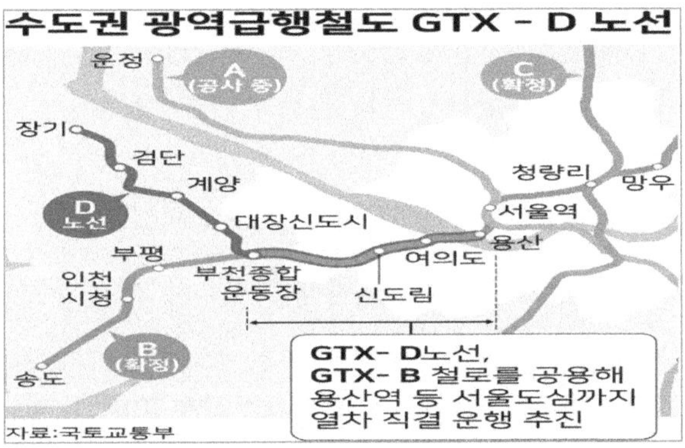

강남 대신 서울 도심 가는 GTX-D, 김포 장기역~용산역 28분 | 한국일보
https://www.hankookilbo.com

1) 상황: 정부가 수도권 광역급행철도 GTX-D 노선의 'C시' 정차를 확정 발표했다. 현재 C시는 서울 도심까지 광역버스로 70분 이상 소요되지만, GTX 개통 시 강남역까지 20분대에 주파가 가능해진다. 이 발표가 C시 부동산 시장에 미칠 파급 효과를 예측하고자 한다.

2) GAN의 활용: 과거 KTX 개통, 신분당선 연장 등 교통 혁신이 있었던 지역들의 '교통망 개선 전후' 부동산 가격 변화 데이터를 GAN 모델

에 학습시킨다. 이후, C시의 기존 부동산 데이터에 '강남역까지 20분'이라는 미래의 조건을 주입하여 가치 변화를 시뮬레이션 한다.

3) GTX-D 노선 신설 시나리오에 따른 'C시' 부동산 가치 변화 예측

분석 대상 (현재 가치)	GTX 개통 후 주요 변화 (입력 시나리오)	GAN 예측 가치 (개통 시점)	예상 가치 상승률
역세권 유력 아파트 (84m², 현재 8억 원)	역 도보 5분 거리 강남역까지 22분 소요	14억 5,000만 원	+81.3%
버스 환승권 아파트 (84m², 현재 6억 5천만 원)	GTX역 버스 10분 거리 강남역까지 35분 소요	10억 2,000만 원	+56.9%
구축 빌라 (59m², 현재 3억 원)	GTX역 도보 15분 거리 강남역까지 40분 소요	4억 8,000만 원	+60.0%

4) **분석결과와 시사점:** GAN 시뮬레이션은 단순히 C시의 가격이 전반적으로 상승한다는 막연한 예측을 넘어, '핵심 인프라와의 접근성'에 따라 가치 상승률이 어떻게 차등적으로 나타나는지를 명확히 보여준다. GTX 역과 가장 가까운 아파트의 가치가 폭발적으로 증가하며, 직접 역세권이 아니더라도 교통 개선의 혜택을 받는 지역 역시 상당한 가치 상승을 경험할 것을 예측할 수 있다. 이는 투자자에게는 옥석을 가리는 기준을, 정책가에게는 교통 인프라 투자의 파급 효과를 정량적으로 분석할 데이터를 제공한다.

■ 가상 사례 2 – 혐오시설 이전과 도심 재창조 프로젝트

1) **상황:** 도심 외곽에 위치하여 소음과 환경오염을 유발하던 'D 산업단지'를 이전하고, 그 부지에 대규모 'MICE 복합단지(컨벤션, 호텔, 쇼핑몰)'와 '생태 공원'을 조성하는 도시 재창조 프로젝트가 발표되었다. 이 극적인 변화가 주변 지역 부동산에 미칠 영향을 다각도로 분석하고자 한다.

2) **GAN의 활용:** 과거 혐오시설(교도소, 쓰레기 처리장 등)이 이전되거나, 대규모 공원 및 상업 시설이 조성된 지역들의 전후 데이터를 GAN에 학습시킨다. 이후, D 산업단지 주변 부동산들의 현재 조건(소음, 낙후된 환경)을 미래의 조건(MICE 인접, 공원 조망)으로 바꾸어 시뮬레이션 한다.

3) 노후 공장부지 재개발 시나리오에 따른 'D구' 부동산 가치 변화 예측

분석 대상	기존 환경 (현재 가치)	GAN 예측 가치 (개통 시점)	예상 가치 변동률
공장 인접 노후 아파트 (84m²)	공장 소음, 분진 영향권 현재 5억 원	MICE 배후 주거지, 공원 조망 예측 8억 5,000만 원	+70.0%
이면도로 상가 주택 (대지 165m²)	유동인구 적은 공단 배후 현재 12억 원	MICE 방문객 대상 상권 형성 예측 21억 원	+75.0%
신축 오피스텔 (42m²)	주로 공단 근로자 임차 현재 3억 5,000만 원	MICE 종사자 및 방문객 임차 예측 5억 4,000만 원	+54.3%

4) **분석:** 이 시뮬레이션은 도시 환경의 질적 변화가 부동산 가치에 미치는 복합적인 영향을 보여준다. 주거용 부동산은 혐오시설 제거와 쾌적성 증대라는 '마이너스 요인의 제거'와 '플러스 요인의 추가'가 겹치며 극적인 가치 상승을 보인다.

특히 주목할 점은, 상업용 부동산(상가주택)이 주거용 부동산보다 더 높은 상승률을 보인다는 예측이다. 이는 MICE 단지 조성으로 인한 '경제 활동 및 유동인구의 폭발적 증가'라는 미래 시나리오를 GAN이 정확히 학습하고 반영했음을 의미한다.

종합하면, GAN을 활용한 인프라 변화 예측은 도시계획과 부동산 시장 분석의 패러다임을 바꾸고 있다. 이제 우리는 막대한 예산이 투입

되는 인프라 사업의 경제적, 사회적 효과를 사전에 시뮬레이션하고, 가장 효율적인 대안을 선택할 수 있는 데이터 기반의 의사결정이 가능해진다.

4

GAN을 활용한 도시부동산 시각화 모델의 활용성 검토와 가상사례

4.1. 잠재된 가치를 눈앞에 그려내는 시각적 마법

백문이 불여일견이라는 말이 있다. 도시부동산의 가치는 단순히 숫자와 데이터의 나열만으로 온전히 설명될 수 없다. 그 안에 담길 삶의 모습, 미래의 풍경, 그리고 건물이 풍기는 분위기는 가치를 결정하는 핵심적인 무형자산이다. 만약, 낡고 초라한 건물의 잠재된 미래 모습을, 혹은 삭막한 거리가 활기찬 공간으로 변모할 미래를 사진처럼 생생하게 미리 볼 수 있다면 어떨까?

이 시각적 마법을 현실로 만드는 것이 바로 GAN(Generative Adversarial Network) 기반의 시각화 모델이다. 앞에서 살펴본 GAN이 숫자와 가격 데이터를 생성하는 '이성적 분석가'였다면, 시각화 GAN은 잠재된 가치를 이미지로 창조해내는 '감성적 예술가'에 가깝다. 본 절에서는 GAN이 어떻게 텍스트나 간단한 스케치만으로 미래의 부동산과 도시 경관을 그려내는지, 그리고 이 놀라운 기술이 부동산 가치 평가와 도시계획에 어떻게 활용될 수 있는지 구체적인 사례를 통해 검토해 본다.

4.2. 이미지를 창조하다

부동산 시각화에 특화된 GAN은 이미지의 '콘텐츠(Content)'와 '스타일(Style)'을 분리하여 학습한 후, 주어진 조건에 따라 이를 새롭게 조합하여 가상의 이미지를 창조하는 원리로 작동한다.

부동산 시각화에 사용되는 GAN(StyleGAN, pix2pix 등)은 기본적인 생성자-판별자 구조는 동일하지만, '이미지'를 생성하고 판별하는 데 특화되어 있다. 이 모델의 핵심은 '콘텐츠(Content)'와 '스타일(Style)'을 분리하여 학습하고, 이를 새롭게 조합하는 능력에 있다.

(1) **방대한 이미지 학습**: 모델은 수십만 장의 실제 건축물 사진, 인테리어 디자인, 도시 거리 풍경, 위성사진 등을 학습한다. 이 과정에서 '건물의 구조', '도로의 형태'와 같은 콘텐츠 정보와 '모던한 디자인', '고풍스러운 벽돌 마감', '녹음이 우거진' 등과 같은 스타일 정보를 스스로 터득한다.

(2) **조건부 이미지 생성**: 학습이 완료된 생성자는 특정 '조건'이 주어졌을 때 그에 맞는 이미지를 생성할 수 있다. 예를 들어, '낡은 빌딩 정면 사진(콘텐츠)'을 입력하고 '유리와 금속을 활용한 현대적 스타일(스타일 조건)'을 텍스트로 명령하면, 생성자는 두 정보를 조합하여 해당 빌딩의 '현대적 리모델링 후' 가상 이미지를 즉시 그려낸다.

■ **부동산 시각화 GAN의 '콘텐츠(Content)'와 '스타일(Style)'을 분리하여 학습하는 방식**

핵심원리	AI의 작동 방식 및 역할
이미지 학습 단계	수십만 장의 건축, 인테리어, 도시 풍경 이미지를 학습한다. 이 과정에서 '건물의 구조'와 같은 콘텐트(Content) 정보와 '모던한 디자인'과 같은 스타일(Style) 정보를 스스로 분리하여 터득한다.

조건부 생성 단계	특정 '콘텐츠(예: 낡은 빌딩 사진)'를 입력 받고, '스타일 조건(예: '현대적 스타일' 텍스트 명령)'이 주어지면, 두 정보를 조합하여 조건에 부합하는 새로운 가상 이미지를 생성한다.

이 기술은 기존의 3D 모델링 작업에 비해 압도적으로 빠르고 비용 효율적이며, 무엇보다 다양한 디자인 대안을 실시간으로 무한히 생성하여 비교·검토할 수 있다는 환상적인 장점을 가진다.

4.3. 가상 사례로 살펴보는 GAN 시각화의 활용성

이제 두 가지 가상 시나리오를 통해, GAN 시각화가 어떻게 부동산의 숨겨진 가치를 발굴하고 도시의 미래 비전을 구체화하는지 명료하게 정리된 표와 함께 살펴보자.

■ 가상 사례 1 – 노후 빌딩의 재탄생, 건축 리모델링 가치 극대화

[매매사례] 성북구 동소문동 성신여대입구역 건물 매매사례, 334억 매입
https://blog.naver.com

1) 현안 과제: 한 투자자가 서울의 부도심 역세권에 위치한 40년 된 낡은 상업용 빌딩을 매입했다. 건물이 낡아 임대수익률이 낮지만, 입지적 잠재력은 높다. 투자자는 최소 비용으로 최대의 가치 상승을 이끌어낼 리모델링 컨셉을 찾고 있다.

2) GAN의 활용: GAN 기반 건축 시각화 툴에 현재 건물의 정면 사진과 도면을 입력한다. 이후 '모던', '친환경', '클래식' 등 다양한 키워드를 조합하여 여러 리모델링 대안의 초현실적인(Photorealistic) 투시도를 순식간에 생성하고, 각 대안의 예상 가치 변화를 분석한다.

3) 노후 상업빌딩의 가치 제고를 위한 GAN 기반 건축 시각화

구분	입력 데이터	GAN 생성 시각화 (A안: 모던 스타일)	GAN 생성 시각화 (B안: 친환경 스타일)
시각적 특징	낡은 타일 외벽 작고 어두운 창문 정리되지 않은 간판	통유리 커튼월 마감 금속 프레임으로 포인트 미디어 파사드 설치	벽면 녹화 (Vertical Garden) 목재 루버 디자인 적용 옥상정원 조성
주요 기대효과	저조한 임대율, 부정적 도시 미관	건물 가시성 극대화 IT, 디자인 기업 유치 용이	에너지 효율 증대 도심 속 쾌적성 제공
예상 가치 변화	현재 가치 50억 원	리모델링 후 예상 가치 85억 원	리모델링 후 예상 가치 80억 원

낡은 타일 외벽, 작고 어두운 창문, 정리되지 않은 간판이 특징인 현재 건물의 모습, Gemini Generated Image

[A안] 모던 스타일 리모델링: 통 유리 커튼월과 금속 프레임으로 마감하고 미디어 파사드를 설치하여 건물의 가시성을 극대화한 모습, Gemini Generated Image

[B안] 친환경 스타일 리모델링: 벽면 녹화, 목재 루버 디자인, 옥상 정원을 적용하여 에너지 효율을 높이고 도심 속 쾌적함을 제공하는 모습 Gemini Generated Image

4) 분석결과와 시사점: GAN 시각화는 추상적인 아이디어를 구체적인 이미지로 변환하여 의사결정을 돕는다. 투자자는 A안과 B안의 사실적인 결과물을 비교하며, 주변 상권의 특성과 잠재 임차인의 선호를 고려해 더 높은 부가가치를 창출할 디자인(A안)을 신속하게 선택할 수 있다. 또한, 이 시각화 자료는 금융기관의 PF 대출 심사나 잠재 투자자 유치 시, 프로젝트의 미래 가치를 설득하는 매우 강력하고 직관적인 도구로 활용된다.

■ 가상 사례 2 – 걷고 싶은 거리 만들기, 도시 경관 개선 프로젝트

1) 현안 과제: 한 지자체에서 왕복 6차선의 차량 중심 도로로 인해 상권이 쇠퇴하고 있는 'E 거리'를 보행자 중심의 '디자인 거리'로 바꾸는 프로젝트를 추진하려 한다. 하지만 일부 상인들과 주민들은 교통 혼잡과 공사 기간의 영업 손실을 우려하며 반대하고 있다.

2) GAN의 활용: E 거리의 현재 항공사진과 거리 뷰(Street View) 이미지를 GAN 모델에 입력한다. 이후 '차선 축소', '보도 확장', '녹지 공간 조성', '노천카페 설치' 등의 시나리오를 적용하여, 프로젝트 완료 후의 거리 모습을 생생하게 시뮬레이션 한다. 이 결과물을 주민 공청회 자료로 활용한다.

3) 'E 거리' 활성화를 위한 GAN 기반 도시 경관 시뮬레이션

평가 항목	현황 (Before)	개선안 시각화 (After)
도로 구성	왕복 6차선 차량 위주 좁고 단절된 보도	왕복 4차선으로 축소 자전거도로 및 녹지대 신설
보행 환경	횡단보도 부족 쉴 공간(벤치 등) 전무	넓어진 보도 위에 벤치, 카페 테라스 배치 안전하고 쾌적한 보행로
녹지 및 경관	회색 아스팔트 중심 가로수 관리 부실	풍성한 중앙 녹지대 조성 계절감 있는 가로수길, 야간 조명
예상 상업 가치	공실률 15%, 임대료 정체	공실률 5% 미만, 임대료 30% 상승 예측

4) 분석결과와 시사점: '개선 후'의 생생한 시각 자료는 막연한 우려를 구체적인 기대로 바꾸는 힘을 가진다. 주민과 상인들은 삭막했던 거리가 사람들이 머물고 싶어 하는 매력적인 공간으로 변모하는 모습을 직접 눈으로 확인하며, 보행 인구 증가가 결국 상권 활성화와 부동산 가치 상승으로 이어질 것이라는 비전을 공유하게 된다.

GAN 시뮬레이션은 복잡한 도시계획안을 누구나 쉽게 이해하고 공감할 수 있도록 만드는 '소통의 다리' 역할을 수행하며, 사회적 합의를 이끌어내는 결정적 계기를 마련한다.

종합하면, GAN을 활용한 도시부동산 시각화는 단순한 그림 그리기를 넘어선다. 이는 잠재된 부동산의 가치를 발굴하고, 도시의 미래 비전을 현실로 끌어당기며, 다양한 이해관계자들의 꿈을 하나로 묶는 '가치 창조의 연금술'이다. 디자이너의 머릿속에만 있던 아이디어가, 계획가의 서류 속에만 있던 청사진이 이제 모두가 볼 수 있는 생생한 이미지로 구현된다.

5

GAN을 활용한 주거단지 배치 최적화를 위한 생성 모델링과 가상사례

5.1.GAN을 활용한 주거단지 배치 최적화를 위한 생성 모델링

우리가 사는 아파트 단지를 떠올려 보자. 마치 복사해서 붙여넣기 한 듯한 판상형 건물들의 행렬, 제한된 조망과 부족한 녹지 공간. 이는 제한된 시간과 예산, 그리고 인간의 인지적 한계 속에서 찾아낸 '안전한' 정답일 뿐, 과연 최적의 정답일까? 만약 수만, 수십만 가지의 단지 배치 시나리오를 순식간에 그려보고 그중 가장 뛰어난 안을 선택할 수 있다면, 우리의 주거 환경은 어떻게 달라질까?

여기, 도시계획과 부동산 개발의 패러다임을 바꿀 혁신적인 조력자, '생성적 적대 신경망(Generative Adversarial Network, GAN)'이 있다. GAN은 마치 천재 건축가와 냉철한 비평가, 두 명의 AI가 서로 경쟁하며 성장하는 모델과 같다.

(1) **생성자**(Generator): 백지 위에 새로운 주거단지 배치도를 끊임없이 그려내는 '창조적 예술가'다. 건물의 형태, 높이, 방향, 도로와 녹지의 위치 등 무한에 가까운 조합을 시도한다.

(2) **판별자**(Discriminator): 수많은 실제 성공적인 주거단지 데이터를 학습한 '냉철한 비평가'다. 생성자가 만든 배치도가 실제 우수 단지처럼 '진짜'인지, 아니면 어색하고 비효율적인 '가짜'인지를 날카롭게 판별한다.

생성자는 판별자를 속이기 위해 점점 더 정교하고 현실적인 배치안을 만들어내고, 판별자는 더 교묘해지는 가짜를 잡아내기 위해 판별 기준을 고도 화한다. 이 둘의 치열한 경쟁(Adversarial)은 결국 인간의 직관을 뛰어넘는, 특정 목표(수익성, 쾌적성 등)에 최적화된 주거단지 설계의 '신의 한 수'를 탄생시킨다.

5.2. GAN기반의 주거단지의 가치를 극대화 가상사례

■ 가상 사례 1 – 도심 역세권 부지, '수익성' 중심의 고밀도 개발

1) **현안 과제:** A 건설사는 서울의 한정된 역세권 부지에 최대의 개발 이익을 목표로 하는 주상복합 단지를 계획한다. 목표는 단 하나, '최대 용적률과 최대 분양 수익'. 전통적인 방식으로는 법적 건폐율과 용적률을 맞추는 데 급급한, 획일적인 설계안이 나올 뿐이다.

역세권 내건 주상복합 상가 주목 | 서울경제, https://www.sedaily.com

2) GAN에 의한 분석: 하지만 GAN 기반 모델링을 도입하자 상황이 달라진다. 모델에 용적률, 세대수, 일조권 확보, 예상 분양가 등의 변수에 높은 가중치를 부여하여 학습시킨다. GAN은 수십만 번의 시뮬레이션을 통해, 법규를 만족시키면서도 건물의 그림자가 상업시설에 미치는 영향을 최소화하고, 고층부 세대의 조망권을 극대화하며, 가장 효율적인 주차장 진입로를 찾아내는 등 인간 설계자가 미처 고려하지 못한 미세한 최적점을 찾아낸다.

3) 수익성 중심 개발 GAN 적용 전후 비교

구분	전통적 설계안 (Conventional)	GAN 최적화 설계안 (GAN-Optimized)	비고
목표	법규 충족 및 일반적 수익	수익성 극대화	GAN의 명확한 목표 설정
용적률	480%	498%	법적 상한선에 근접한 최적 배치
총 세대수	550세대	585세대	자투리 공간 최소화를 통한 세대수 증가
일조량 만족 세대 비율	85%	88%	건물 형태 및 방향 최적화 결과
총 사업비	2,500억 원	2,550억 원	공사 난이도 소폭 상승

예상 분양수익	4,000억 원	4,350억 원	세대수 증가 및 로열층 확보 효과
예상 개발이익	1,500억 원	1,800억 원	300억 원 추가 이익 발생

4) **분석결과와 시사점:** 표에서 보듯이, GAN 모델은 소폭의 사업비 증가를 감수하더라도 용적률과 세대수를 공격적으로 늘리고, 동시에 일조권 같은 주거의 질적 요소까지 개선하여 최종 개발이익을 300억 원이나 증대 시키는 놀라운 결과를 보여준다.

■ 가상 사례 2 – 신도시 근교, '주거환경' 중심의 친환경 단지 개발

1) **현안 과제:** 제B 시행사는 삶의 질을 중시하는 최신 트렌드에 맞춰, 신도시 근교에 '공원 같은 아파트'를 건설하고자 한다. 목표는 분양 수익이 아닌 '높은 주거 만족도와 브랜드 가치 제고'이다.

2) **GAN에 의한 분석:** 이 번에 GAN은 다른 데이터를 학습한다. 공원 및 녹지 비율, 세대별 프라이버시 확보, 커뮤니티 시설 접근성, 바람길(통풍), 조망 개방감 등에 높은 가중치를 둔다. GAN은 더 이상 빽빽한 건물 배치를 제안하지 않는다.

대신 남향 세대를 극대화하기 위해 일부 건물을 사선으로 배치하고, 단지 중앙에 거대한 중앙공원을 조성하며, 모든 세대에서 공원으로의 접근이 쉽도록 유기적인 동선을 그린다. 심지어 계절별 바람의 방향을 분석해 여름에는 시원하고 겨울에는 아늑한 단지를 구현한다.

3) 주거환경 중심 개발 GAN 적용 전후 비교

구분	전통적 설계안 (Conventional)	GAN 최적화 설계안 (GAN-Optimized)	비고
목표	쾌적성 고려 및 일반적 배치	주거 만족도 극대화	개발 철학의 전환

용적률	210%	195%	쾌적성 확보를 위한 밀도 감소
총 세대수	1,200세대	1,100세대	세대수보다 공공 공간에 집중
공원 및 녹지 비율	35%	50%	'공원 속 단지' 개념 구현
프라이버시 확보 세대 비율	70%	95%	독창적 건물 배치로 동 간섭 최소화
커뮤니티 시설 면적	3,000㎡	4,500㎡	주민 교류 및 편의성 극대화
예상 주거만족도 (10점 만점)	7.5점	9.2점	압도적인 주거환경의 질적 향상

4) 분석 결과와 시사점: GAN이 제안한 설계안은 용적률과 세대수를 과감히 포기했다. 단기적 분양 수익은 줄어들 수 있으나, 압도적인 주거환경은 '살고 싶은 아파트'라는 강력한 브랜드 자산을 형성한다. 이는 장기적으로 더 높은 부동산 가치 상승과 기업 이미지 제고로 이어지는, 차세대 부동산 개발의 새로운 성공 방정식이 된다.

정리하면, GAN을 활용한 생성 모델링은 단순히 건물을 배치하는 기술을 넘어, 우리가 원하는 도시의 가치(수익, 환경, 복지 등)를 공간에 구현하는 '가치 창조의 알고리즘'이다. 인간의 경험과 AI의 무한한 탐색 능력이 결합될 때, 부동산 개발은 비로소 '사업'의 영역을 넘어 도시의 미래를 그리는 '예술'의 경지에 도달하게 될 것이다.

6

GAN을 활용한 상업지구 개발 시뮬레이션과 수익성 예측과 가상사례

6.1.GAN을 활용한 상업지구 개발 시뮬레이션과 수익성 예측

어떤 상업지구는 사람들이 구름처럼 모여드는 '핫플레이스'가 되고, 어떤 곳은 막대한 투자에도 불구하고 텅 빈 유령 상권으로 전락하는 이유는 무엇일까? 성공적인 상권 개발은 입지, 자본, 트렌드, 그리고 약간의 '운'이 결합된 고도의 방정식과 같다. 지금까지 우리는 이 방정식을 과거의 성공 사례와 개발자의 직관에 의존해 풀어왔다. 하지만 이제, 그 불확실성을 걷어내고 미래의 성공을 시뮬레이션 할 수 있는 강력한 도구가 등장했다.

바로 "생성적 적대 신경망(GAN)"을 활용한 상업지구 시뮬레이션이다. 이는 단순히 건물을 짓고 배치하는 것을 넘어, 상권의 '생태계' 자체를 가상으로 창조하고 그 경제적 결과를 예측하는 기술이다. 여기서도 두 명의 AI 전문가, 즉 '상권 기획자'와 '시장 분석가'가 등장한다.

(1) **생성자**(Generator): 창의적인 '상권 기획자' 역할을 한다. 이 AI는 주어진 부지에 다양한 상업 시나리오를 그려낸다. 플래그십 스토어, F&B, 편집숍, 체험형 공간 등 업종(MD)을 구성하고, 고객의 동선, 간판의 디자인, 야외 광장의 배치까지 고려한 수만 가지의 상권 디자인을 생성한다.

(2) **판별자(Discriminator):** 날카로운 '시장 분석가'와 같다. 이 AI는 전 세계 성공 상권의 방대한 데이터—유동인구, 카드 매출, SNS 버즈량, 임대료, 공실률—를 학습했다. 생성자가 만든 가상의 상권이 실제 돈을 버는 '진짜' 상권처럼 보이는지, 아니면 실패할 '가짜'인지를 가차 없이 판별한다.

이 둘의 경쟁적 학습을 통해 생성자는 점차 공실률은 낮고, 유동인구와 고객 체류시간은 길며, 결과적으로 매출과 임대수익이 극대화되는 최적의 상권 구성안을 창조하게 된다. 이는 더 이상 감(感)이 아닌 데이터 기반의 '과학적 상권 개발' 시대가 열렸음을 의미한다.

6.2. GAN기반의 죽어가는 상권을 살리고 새로운 상권의 가치를 극대화하는 가상사례

■ 가상 사례 1 - 활력을 잃은 구도심 골목상권의 재탄생

1) **현안 과제:** 서울의 한 구도심 지역은 왕년의 명성이 무색하게 높은 공실률과 줄어든 유동인구로 신음하고 있다. 지자체와 개발사는 이 지역을 2030세대가 열광하는 트렌디한 상권으로 부활시키는 것을 목표로 삼는다.

2) **GAN 모델의 분석 결과 제시:** GAN 모델에 'SNS 언급량, 방문객 체류시간, 소규모 특색 매장(F&B, 디자인숍) 비율, 보행 친화성' 등의 변수에 높은 가중치를 부여한다. GAN은 획일적인 프랜차이즈 대신, 인스타그램에 올릴 만한(instagrammable) 외관을 가진 작은 가게들을 골목 곳곳에 배치하고, 차량 통행을 줄인 보행자 중심의 거리를 디자인하며, 곳곳에 포토존과 버스킹 공간을 제안하는 등 완전히 새로운 상권 시나리오를 제시한다.

3) 구도심 상권 활성화 GAN 적용 전후 비교

구분	기존 상태 (Before)	GAN 시뮬레이션 기반 개발안 (After)	비고
핵심 목표	현상 유지	트렌디 상권으로의 재활성화	개발 철학의 근본적 전환
월평균 유동인구	5만 명	35만 명	보행 환경 개선 및 집객 시설 효과
주요 업종	부동산, 낡은 식당	F&B 40%, 리테일 30%, 체험 20%	젊은 층 타겟의 MD 개편
공실률	40%	5% 미만	상권 활성화에 따른 임차 수요 급증
평균 임대료 (33㎡ 기준)	120만 원	450만 원	상권 가치 상승분의 직접적 반영
예상 연간 매출	100억 원	750억 원	상권 생태계의 성공적 복원

4) **분석 결과와 시사점:** 결과는 놀랍다. GAN의 예측에 기반한 개발은 상권의 물리적 모습뿐만 아니라 그곳의 콘텐츠와 문화를 바꾸었다. 이는 단순히 임대료 수입을 넘어, 지역 전체의 부동산 자산 가치를 끌어올리는 강력한 도시재생의 성공 모델이 된다.

■ 가상 사례 2 – 신도시 중심부, 초대형 복합 쇼핑몰 개발

. 인천 주안 초 부지에 의료와 연계한 아인애비뉴' 상가 분양 | 한국경제
https://www.hankyung.com

1) **현안 과제:** 대형 건설사가 신도시 중심상업지구에 연면적 30만㎡ 규모의 초대형 복합 쇼핑몰을 계획한다. 목표는 단기적인 분양 성공을 넘어, '장기적이고 안정적인 운영 수익 극대화'이다.

2) **GAN의 데이터를 학습과 설계 안 제안:** 이번에 GAN은 다른 데이터를 학습한다. '고객의 평균 체류시간, 동선 효율성, 앵커 테넌트와 일반 매장 간의 시너지, 관리 운영비용' 등에 초점을 맞춘다. GAN은 일반적인 설계안과 다른 제안을 내놓는다. 예를 들어, 영화관람객이 식당가로 자연스럽게 유입되도록 동선을 재배치하고, 키즈 카페 옆에 유아용품 매장과 서점을 연계하며, 에너지 효율을 극대화하는 공조 시스템과 마감재를 채택하여 장기적인 관리비용 절감 방안까지 찾아낸다.

3) 복합 쇼핑몰 개발 계획 비교

구분	일반 설계안 (Standard Plan)	GAN 최적화 설계안 (GAN-Optimized Plan)	비고
핵심 목표	빠른 분양 및 임대	순영업소득(NOI) 극대화	자산운영 관점의 접근
앵커 테넌트 유치	백화점, 대형마트	백화점, 체험형 테마파크, 프리미엄 영화관	고객 집객력 및 체류시간 증대
고객 평균 체류시간	2.5시간	4.0시간	MD 구성 및 동선 최적화 결과
예상 연간 임대료 수입	1,000억 원	1,100억 원	우량 임차인 유치 및 매출 연동 임대료 상승
예상 연간 관리운영비	300억 원	250억 원	에너지, 인력 등 운영 효율화 설계
예상 순영업소득 (NOI)	700억 원	850억 원	연 150억 원 추가 운영 수익 확보

4) **분석 결과와 시사점:** GAN 최적화 설계안은 단순히 매출과 임대료를 늘리는 것을 넘어, 비용 구조까지 최적화하여 자산의 핵심 가치 지표

인 순영업소득(NOI)을 획기적으로 끌어올린다. 이는 부동산을 '개발하여 판매하는 것'에서 '효율적으로 운영하여 가치를 키우는' 자산운용의 시각으로 전환시킨 결정적 계기가 된다.

정리하면, 상업 부동산 개발에서 GAN의 활용은 미래를 내다보는 '수정 구슬'과 같다. 무한한 가상 시나리오를 통해 실패의 위험을 최소화하고 성공의 확률을 극대화한다. 개발자의 직관과 경험에 AI의 데이터 기반 예측이 결합될 때, 우리는 비로소 도시 공간의 경제적 가치를 과학적으로 설계하고 창조하는 새로운 시대의 문을 열게 되는 것이다.

제5장

변분 오토인코더(VAE)를 활용한 가치 패턴 분석

1

VAE의 목표, 작동원리 및 기술, 역할, 장단점, 도시부동산 활용예시

구분	설명
목표	입력 데이터의 본질적 특징과 분포를 잠재 공간(Latent Space)에 학습하여, 이를 기반으로 새롭고 다양한 디자인 대안을 창조하는 것을 목표로 한다.
작동원리 및 기술	인코더(Encoder)가 입력된 데이터(예: 평면도 이미지)를 저차원의 잠재 공간 좌표로 압축하고, 디코더(Decoder)가 이 좌표를 바탕으로 새로운 데이터를 생성하는 구조로 작동한다. 잠재 공간을 확률 분포로 학습하여 결과물의 다양성을 확보하는 것이 핵심 기술이다.
역할	정해진 답을 찾기보다 무한한 디자인 가능성을 탐색하는 '창의적 아이디어 생성기' 또는 '디자인 탐색기(Explorer)'의 역할을 수행한다.
장단점	장점: - 생성 결과물의 다양성이 매우 풍부하다. - A와 B 스타일을 섞는 '스타일 블렌딩'에 강점을 보인다. 단점: - 경쟁 모델(GAN) 대비 생성된 이미지의 선명도가 다소 떨어질 수 있다. - 확률적 원리로 인해 개념이 다소 복잡하다.

활용예시	- 다양한 평면도 생성: 1인 가구, 신혼부부 등 특정 수요층에 최적화된 수백 가지의 아파트 평면도 시안을 자동으로 생성한다. - 하이브리드 디자인: '한옥'과 '북유럽 모던' 스타일을 융합하여 세상에 없던 새로운 컨셉의 부티크 호텔 외관이나 실내 디자인을 제안한다.

2

VAE의 구조와 잠재 공간(Latent Space)의 개념 및 역할과 가상사례

우리가 어떤 건물을 볼 때 '모던하다', '웅장하다', '자연친화적이다'라고 느끼는 그 '느낌'의 정체는 무엇일까? 만약 이러한 건축물의 추상적인 '본질' 또는 'DNA'를 추출하여 좌표로 만들고, 그 좌표들이 모인 가상의 지도를 펼칠 수 있다면 어떨까? 이 상상 같은 개념을 현실로 만든 것이 바로 VAE(변이형 오토인코더)의 구조와 그 핵심인 잠재 공간(Latent Space)이다.

잠재 공간은 마치 수백 가지 향신료의 특징을 완벽히 이해한 천재 요리사의 머릿속과 같다. 요리사는 '매운맛', '단맛', '감칠맛'이라는 개념 축을 기준으로 새로운 요리(데이터)를 상상하고 조합해낼 수 있다. VAE는 이와 같이 부동산과 도시 공간의 무한한 가능성을 탐색하는 창의적 놀이터를 제공한다.

2.1.VAE의 구조: 개념을 추출하고 재창조하는 시스템

2.1.1. VAE는 서로 마주 보는 두 개의 거울과 같은 인코더(Encoder)와 디코더(Decoder)로 구성

VAE는 서로 마주 보는 두 개의 거울과 같은 인코더(Encoder)와 디코더(Decoder)로 구성된다.

(1) **인코더(Encoder) 개념 추출기**: 현실 세계의 복잡한 데이터(e.g., 아파트 평면도, 건물 외관 사진)를 입력받아 그 본질적 특징을 몇 개의 숫자로 이루어진 저차원의 '좌표(vector)'로 압축하고 추출한다. 이 좌표가 바로 잠재 공간 안에서 해당 데이터의 주소가 된다.

(2) **디코더(Decoder) 개념 구현기**: 인코더가 만든 잠재 공간의 좌표 값을 받아, 이를 다시 현실 세계의 데이터(새로운 평면도, 새로운 건물 이미지)로 복원하고 재창조한다.

핵심은 인코더와 디코더가 단순히 데이터를 복사하는 것이 아니라, 그 데이터의 '개념'을 잠재 공간이라는 공통의 언어로 이해하고 표현하는 데 있다.

2.1.2. 잠재 공간(Latent Space): 모든 디자인의 DNA가 저장된 곳

잠재 공간은 고차원의 복잡한 데이터를 컴퓨터가 이해할 수 있는 저차원의 핵심 특징 벡터로 압축한 가상의 공간으로, 데이터의 특징 학습, 차원 축소, 새로운 데이터 생성 및 탐색의 핵심적인 역할을 수행한다.

'잠재 공간(Latent Space)'이란, 고차원의 복잡한 데이터를 저차원의, 컴퓨터가 이해할 수 있는 핵심 특징들의 좌표로 압축해 놓은 가상의 벡터 공간이다. 이 공간은 단순한 데이터의 창고가 아니라, 다음과 같은 강력한 역할을 수행하는 '가능성의 지도'다.

(1) **특징 학습**(Feature Learning): 데이터의 어떤 특징이 중요한지(e.g., 창문의 크기, 방의 개수, 동선)를 스스로 학습하여 공간을 구성한다. 잠재 공간 안에서 비슷한 디자인들은 서로 가까이 위치하게 된다.

(2) **차원 축소**(Dimensionality Reduction): 수만 개의 픽셀로 이루어진 이미지 정보를 단 몇 개에서 몇십 개의 숫자(좌표)로 압축하여 효율적으로 다룰 수 있게 한다.

(3) **생성 및 탐색**(Generation & Exploration): 잠재 공간의 특정 좌표를 디코더에 입력하면 해당 컨셉의 디자인이 생성된다. 더 나아가, A 좌표와 B 좌표 사이의 중간 지점을 선택하면 두 스타일이 자연스럽게 융합된 '하이브리드 디자인'을 창조할 수 있다.

■ **잠재 공간(Latent Space)의 핵심 역할**

핵심 역할	설명
특징 학습	데이터의 핵심적인 특징(창문의 크기, 방의 개수 등)을 스스로 학습하여 공간을 구성하며, 유사한 디자인 컨셉을 가진 데이터는 잠재 공간 내에서 서로 가까운 위치에 배치된다.
차원 축소	수만 개의 픽셀로 구성된 고차원의 이미지 정보를 몇 개의 숫자 좌표로 이루어진 저 차원 벡터로 압축하여 데이터를 효율적으로 처리할 수 있게 한다.
생성 및 탐색	잠재 공간 내 특정 좌표를 선택하여 새로운 디자인을 생성할 수 있으며, 두 좌표 사이를 탐색함으로써 두 스타일이 융합된 '하이브리드 디자인'을 창조하는 것이 가능하다.

2.2. 잠재 공간(Latent Space)의 가상사례

■ 가상 사례 1 – 잠 공간 '항해'를 통한 최적의 오피스 인테리어 탐색

세대를 초월한 하이엔드 - 노블레스닷컴, https://www.noblesse.com

1) **현안 과제:** 한 IT 기업이 새로운 사옥의 인테리어 컨셉을 정하고자 한다. 회사의 정체성은 '자유롭고 개방적'이면서도 '기술 중심의 고급스러움'을 동시에 표현해야 한다.

2) **VAE에 수만 개의 오피스 인테리어 이미지 학습 후 잠재공간 구축:** VAE에 수만 개의 오피스 인테리어 이미지를 학습시켜 '개방성(Openness)'과 '고급스러움(Luxury)'을 두 개의 축으로 하는 2차원 잠재 공간을 구축한다. 경영진과 디자이너는 이 잠재 공간 지도를 보며 원하는 컨셉의 좌표를 '항해'하듯 탐색한다.

3) **잠재 공간 좌표별 오피스 디자인 시뮬레이션**

잠재 공간 좌표 (X: 개방성, Y: 고급스러움)	VAE 생성 디자인 컨셉	기대 효과 및 특징
(0.9, 0.2)	실리콘밸리 스타일	완전 개방형 데스크, 노출 콘크리트, 자유로운 협업 공간 강조
(0.2, 0.9)	클래식 변호사 사무실 스타일	묵직한 원목 가구, 개별 집무실, 중후하고 권위적인 분위기

(0.5, 0.5)	스탠다드 오피스	파티션으로 구분된 일반적인 사무 공간, 무난하고 평범함
(0.8, 0.7) (최종 선택)	'테크 럭셔리(Tech Luxury)' 스타일	높은 천장고의 개방감, 유리 파티션, 미니멀한 고급 자재, 스마트오피스 기술 통합

4) 분석 결과와 시사점: 최종적으로 회사는 (0.8, 0.7) 좌표를 선택하여 '개방적이면서도 고급스러운'이라는 두 마리 토끼를 모두 잡는, 회사의 정체성에 완벽히 부합하는 새로운 오피스 디자인을 성공적으로 도출한다.

■ 가상 사례 2 – 잠재 공간 '보간법'을 활용한 신규 카페 브랜드 개발

[커피로고] 대한민국 커피전문점 최신 커피로고 모음 : 네이버 블로그

1) 현안 과제: 한 F&B 기업이 2030세대를 타겟으로 새로운 프랜차이즈 카페 브랜드를 런칭하고자 한다. 목표는 기존 시장에 없는 독창적인 컨셉을 만드는 것이다.

2) VAE를 활용하여 학습 후 새로운 스타일 생성: VAE를 활용하여 '거친 느낌의 인더스트리얼 스타일'과 '편안한 느낌의 내추럴 스타일'을 각각 학습시킨다. 그리고 잠재 공간에서 두 스타일의 좌표를 찾은 뒤, 정확

히 그 '중간 지점(interpolation)'에 해당하는 좌표를 디코더에 입력하여 새로운 스타일을 생성한다.

3) 스타일 보간법(Interpolation)을 통한 하이브리드 컨셉 개발

구분	A: 인더스트리얼 스타일 (좌표 -0.8)	B: 내추럴 스타일 (좌표 +0.8)	C: 생성된 하이브리드 스타일(좌표 0.0)
컨셉 명칭	브루클린 팩토리	킨포크 홈	어반 로프트 (Urban Loft)
주요 자재	노출 콘크리트, 금속, 파이프	원목, 라탄, 린넨, 식물	콘크리트 벽 + 원목 테이블, 금속 조명 + 행잉 플랜트
색상 팔레트	무채색 (회색, 검은색)	뉴트럴톤 (베이지, 아이보리)	그레이 베이스 + 우드 포인트 + 녹색
핵심 경험	거칠고 독특함, 도시적 감성	편안함, 아늑함, 유기농	도시의 세련됨과 자연의 편안함이 공존하는 독창적 경험

4) **분석 결과와 시사점**: 이렇게 탄생한 '어반 로프트' 스타일은 두 컨셉의 장점만을 결합하여 타겟 고객층에 강력하게 어필할 수 있는, 시장 내 독보적인 브랜드 정체성을 확보하게 된다.

종합하면, VAE의 구조와 잠재 공간은 도시부동산 개발과 디자인을 '선택의 문제'에서 '창조와 탐색의 영역'으로 바꿔 놓았다. 이는 디자이너와 기획자가 상상력의 한계를 넘어 데이터가 알려주는 무한한 가능성의 공간을 탐험하는 새로운 패러다임을 제시한다.

3

VAE를 활용한 주거용·상업용 부동산 가격 분포의 잠재 요인 도출과 가상사례

3.1. 가격 분포 속 숨은 '가치의 DNA'를 찾는 VAE

부동산의 가치는 단순히 면적, 층수, 역과의 거리 같은 명시적인 요인들 로만 결정되지 않는다. 눈에 보이지 않지만 가격에 결정적인 영향을 미치는 숨겨진 '맥락'과 '잠재력'이 존재한다. 예를 들어, '동네의 활기', '커뮤니티의 질', '미래 성장 가능성'과 같은 요소들이다. 이러한 추상적인 개념을 어떻게 데이터로 증명하고 가치에 반영할 수 있을까?

여기서 변이형 오토인코더(VAE)는 마치 도시의 데이터를 해독하는 '금융 고고학자'처럼 작동한다. VAE는 수많은 부동산 데이터와 가격 분포 사이의 복잡한 관계를 학습하여, 가격을 움직이는 핵심적인 잠재 요인(Latent Factor)을 스스로 찾아내고 이를 정량적인 수치로 도출해낸다. 이는 우리가 직관적으로만 느끼던 부동산의 숨은 가치를 과학의 영역으로 끌어오는 혁신적인 접근법이다.

VAE는 이 과업을 위해 부동산의 모든 정보(면적, 연식, 가격, 주변 상권, 교통, 학군, 심지어 위성사진까지)를 입력 받아, 이를 저차원의 잠재 공간(Latent Space)으로 압축한다. 이 과정에서 VAE는 어떤 특징들의 조합이 가격에 유의미한 영향을 미치는지 스스로 학습한다.

그 결과로 생성된 잠재 공간의 각 축(dimension)은 우리가 명시적으로 알려주지 않은 새로운 의미를 갖게 된다. 예를 들어, 잠재 공간의 첫 번째 축은 '교통 편의성'을, 두 번째 축은 '교육 환경'을 나타낼 수 있다. 더 나아가, 여러 요인이 복합된 '거주 쾌적성'이나 '상업적 활기'와 같은 고차원적인 잠재 요인을 발견해낸다. 이 잠재 요인이야 말로 해당 부동산의 가격을 결정하는 숨겨진 '가치의 DNA'인 것이다.

3.2. VAE를 활용한 주거용·상업용 부동산 가격 가상사례

- 가상 사례 1 –주거용 부동산->비슷한 아파트, 다른 가격의 비밀을 푸는 열쇠

1) 현안 과제: 서울의 한 신도시, 비슷한 시기에 지어졌고 면적과 구조가 거의 동일한 A 아파트와 B 아파트가 있다. 하지만 A 아파트의 시세가 B보다 지속적으로 15% 높게 형성된다. 전통적인 분석으로는 그 차이를 명확히 설명하기 어렵다.

2) VAE 활용하여 잠재요인 도출: 이 지역의 수천 개 아파트 데이터를 VAE에 학습시킨다. 데이터에는 기본 정보 외에 공원까지의 도보 거리, 소음 수준, 어린이집 수, 커뮤니티 시설 만족도, 일조량 등이 포함된다. VAE는 분석 후, 가격 차이를 설명하는 가장 강력한 잠재 요인(Latent Factor 1)을 도출한다. 이 요인은 공원 접근성, 낮은 소음, 풍부한 녹지, 우수한 커뮤니티 시설과 높은 상관관계를 보인다. 우리는 이 잠재 요인을 '쾌적한 정주환경 지수'라고 명명한다.

3) '쾌적한 정주환경 지수' 기반 아파트 가치 비교

구분	A 아파트	B 아파트	비고
전용면적	84㎡	84㎡	물리적 조건 동일
건축 연한	5년	5년	물리적 조건 동일

지하철역 거리	10분	8분	B 아파트가 교통은 더 우수
VAE 도출 잠재 요인 ('쾌적한 정주환경 지수')	8.8/10점	5.2/10점	숨겨진 가치의 차이
실거래 가격	12억 원	10억 5천만 원	잠재 요인이 가격 격차를 설명

4) VAE 분석 결과와 시사점: VAE 분석을 통해 B 아파트가 교통은 약간 더 편리할지라도, A 아파트가 가진 압도적으로 높은 '쾌적한 정주환경'이라는 잠재적 가치가 2억 원에 가까운 가격 차이를 만들어 냈음을 명확히 증명할 수 있다.

■ 가상 사례 2 – 상업용 부동산 → 죽은 상권에서 '미래의 핫플레이스' 찾아내기

1) 현안 과제: 한 투자사가 오래된 공업 지역이었으나 최근 변화의 조짐이 보이는 지역에서 미래 가치가 높은 상업용 빌딩을 매입하고자 한다. 현재 임대료나 공실률만으로는 옥석을 가리기 어렵다.

2) VAE 활용하여 비정형 데이터 학습 후 잠재요인 발견: VAE에 해당 지역의 상업용 부동산 데이터와 함께, SNS 체크인 데이터, 신규 사업자 등록(특히 IT, 디자인, F&B 업종), 건축 리모델링 허가 건수, 야간 유동인구 변화율 등 비정형 데이터를 함께 학습시킨다. VAE는 이 데이터들 속에서 미래의 상권 활성화를 예측하는 강력한 잠재 요인(Latent Factor 2)을 발견한다. 우리는 이를 '상권 활성화 잠재력 지수'라고 부른다.

3) '상권 활성화 잠재력 지수' 기반 상가 빌딩 투자 결정

구분	C 빌딩 (대로변 위치)	D 빌딩 (이면도로 위치)	비고
현재 월 임대료 (1층 기준)	500만 원	450만 원	현재 가치는 C 빌딩이 우위

현재 공실률	5%	15%	현재 가치는 C 빌딩이 우위
VAE 도출 잠재 요인 ('상권 활성화 잠재력 지수')	3.5/10점	9.1/ 10점	미래 가치의 역전
투자 결정	보류(Hold)	적극 매수(Buy)	잠재 요인을 기반으로 의사결정

4) **분석 결과 및 투자결정:** 표면적인 데이터로는 C 빌딩이 훨씬 우량 자산처럼 보이지만, VAE는 D 빌딩 주변으로 창의적인 소상공인들의 유입과 자생적인 상권 형성 에너지가 훨씬 강하게 응축되고 있음을 '상권 활성화 잠재력 지수'를 통해 보여준다. 투자사는 이 잠재 요인을 근거로 현재는 저평가되었지만 미래의 '핫플레이스'가 될 D 빌딩을 선점하는 현명한 결정을 내린다.

종합하면, VAE를 활용한 잠재 요인 도출은 부동산 가치 평가를 '과거 데이터의 해석'에서 '미래 가능성의 예측'으로 한 단계 진화 시킨다. 이는 보이지 않는 도시의 역동성과 잠재력을 정량화하여, 더욱 과학적이고 정교한 투자와 도시계획을 가능하게 하는 강력한 나침반이 될 것이다.

4

VAE를 활용한 유사 부동산 군집화(Cluster)를 통한 가치 평가 모델과 가상사례

4.1. AI, 부동산의 숨겨진 '가치 DNA'를 읽어내다

부동산의 가치를 평가하는 것은 단순히 면적, 층수, 연식과 같은 정량적 데이터의 합산으로 끝나지 않는다. 같은 단지, 같은 면적의 아파트라도 어느 동에 위치하는지, 어떤 조망을 가졌는지, 채광은 어떤 지에 따라 그 가치는 천차만별로 달라진다. 이는 마치 숙련된 감정평가사가 수많은 현장 경험을 통해 얻은 '직관'과 '통찰'의 영역과 같았다.

하지만 이제 생성형 AI 기술이 이 '직관'의 영역을 데이터 과학으로 풀어내기 시작했다. 그 중심에 '변이형 오토인코더(Variational Autoencoder, VAE)'가 있다. VAE는 단순히 주어진 데이터를 학습하는 것을 넘어, 데이터에 내재된 핵심 특징, 즉 '부동산의 숨겨진 '가치 DNA'를 추출해내는 놀라운 능력을 지녔다. 이는 마치 수천 장의 얼굴 사진을 학습한 AI 화가가 사람의 '인상'이라는 잠재적 특징을 이해하고, 세상에 존재하지 않는 새로운 얼굴을 그려내는 것과 같은 원리다.

VAE를 활용한 가치 평가 모델은 부동산 시장에 새로운 패러다임을 제시한다. 개별 부동산이 가진 수많은 변수(입지, 교통, 학군, 조망, 소음, 커뮤니티 등)의 복잡한 상호작용을 이해하고, 이를 바탕으로 가장 유사한 '성격'을 가진 부동산끼리 군집(Cluster)을 형성시킨다. 그리고 우리가 가치를 알고자 하는 부동산이 어떤 군집에 속하는지를 파악함으로써, 훨씬 더 정교하고 합리적인 가치 추정이 가능해진다. 이는 기존의 회귀분석 기반 모델이 놓치기 쉬웠던 비정형적, 비선형적 가치를 포착하는 혁신적인 방법론이 된다.

4.2. VAE를 활용한 가상사례

■ 가상 사례 1 – 숨겨진 가치를 발견하는 AI 감정평가사

1) 현안 과제: 전통적인 평가 모델로는 그 가치를 온전히 인정받기 어려운 부동산이 있다. A아파트 101동 503호가 바로 그런 경우다. 이 아파트는 준공 15년 차로 신축 아파트에 비해 연식은 다소 있지만, 단지

내에서도 가장 조용하고 대규모 공원 조망권을 영구적으로 확보한 특별한 위치에 있다.

2) 전통적 평가 모델의 한계: 기존 모델은 '준공 15년'이라는 감가 요인과 '중층'이라는 일반적 요소를 반영하여 인근 신축 아파트보다 낮은 가치를 산출했다. '공원 조망'이나 '정숙성' 같은 비정형 데이터는 가중치가 낮거나 제대로 반영되지 못했다.

3) VAE 모델의 잠재요인 분석: VAE 모델은 '공원 조망권', '저층의 안정감', '정숙성'과 같은 요소들이 결합하여 만들어내는 '주거 쾌적성'이라는 잠재적 특징을 높은 가치의 DNA로 인식한다. 그 결과, A아파트 503호를 연식이나 층수와 같은 표면적 특성이 아닌, '쾌적한 도심 속 전원주택형' 군집으로 분류했다. 이 군집에 속한 다른 부동산들은 비록 연식은 있어도 높은 주거 만족도와 희소성으로 인해 높은 시세를 형성하고 있었다.

결론적으로 VAE 모델은 데이터 이면에 숨겨진 '삶의 질'이라는 가치를 발견해내어, 시장의 잠재적 수요를 정확히 예측한 것이다.

4) A아파트 101동 503호 가치 평가 비교

구분	주요 특징	전통적 평가 모델	VAE 기반 평가 모델
평가 대상	A아파트 101동 503호	12억 5,000만 원	13억 8,000만 원
분석	위치: 서울 OO구 면적: 85㎡ 준공: 15년 차 층수: 5층/20층 특이사항: 영구 공원 조망	'준공 연수' 감가 요인 크게 작용 '공원 조망' 가치 반영 미미 인근 신축 아파트 시세 대비 낮게 평가	분류 군집: '쾌적한 주거 환경' 군집 '공원 조망', '정숙성' 등 비정형 가치를 고평가 숨겨진 잠재 가치를 반영하여 가치 상향 조정

■ 가상 사례 2 – 데이터의 함정을 간파하는 AI 분석가

7호선 남구로역 초역세권 소형아파트, https://www.joongang.co.kr

1) **현안 과제:** 표면적인 데이터는 화려하지만 실질적인 주거 가치는 떨어지는 부동산도 존재한다. B오피스텔 2501호는 '초역세권', '준신축', '고층'이라는 매력적인 키워드를 모두 가졌다.

2) **전통적 평가 모델의 함정:** 기존 모델은 '역과의 거리 100m', '준공 3년 차', '25층'이라는 긍정적 지표에 높은 가중치를 부여했다. 따라서 인근 오피스텔 중 최고 수준의 가치를 산출했다.

3) **VAE 모델의 분석:** VAE 모델은 더 깊은 차원의 데이터를 학습한다. 이 오피스텔은 대로변 바로 이면에 위치하여 차량 소음이 심각하고, '초역세권'이지만 실제 지하철 승강장까지의 동선이 복잡하고 길다는 '숨겨진 단점'을 간파했다. VAE는 이러한 부정적 요소들의 조합이 '주거 쾌적성 저하'라는 명백한 DNA를 형성한다고 판단했다. 결국 B오피스텔 2501호를 '교통 편의 중심의 단기 임대형' 군집으로 재분류했다. 이 군집은 실거주 수요보다 임대 수익률에 초점을 맞추기에, '소음'이나 '실질 접근성' 같은 요소가 매매가격에 더 민감하게 반영되는 특징이 있었다.

이 사례는 VAE 모델이 어떻게 데이터의 '빛'과 '그림자'를 동시에 읽어 내어, 시장 참여자들이 범하기 쉬운 '데이터의 함정'을 피해 갈 수 있도록 돕는지 명확히 보여준다.

4) B오피스텔 2501호 가치 평가 비교

구분	주요 특징	전통적 평가 모델	VAE 기반 평가 모델
평가 대상	B오피스텔 2501호	8억 2,000만 원	7억 4,000만 원
분석	위치: 서울 OO구 면적: 60㎡ 준공: 3년 차 층수: 25층/30층 특이사항: 이면도로 소음, 복잡한 동선	'초역세권', '신축', '고층' 지표를 고평가 '소음', '실질 접근성' 등 부정적 요인 미반영 시장 기대치가 과도하게 반영될 가능성	분류 군집: '주거 쾌적성 낮은' 군집 '소음', '접근성 저하' 요인을 부정적 DNA로 인식 과대평가된 가치를 현실적으로 조정

종합하면, VAE를 활용한 부동산 가치 평가는 단순히 숫자를 계산하는 것을 넘어, 각 부동산이 지닌 고유한 '이야기'와 '맥락'을 이해하는 단계로 나아가고 있다. 이는 감정평가의 객관성을 극대화하는 동시에, 도시계획가와 부동산 개발자에게는 미래의 도시 가치를 예측하고 창출하는 강력한 '나침반'을 제공한다.

5

VAE를 활용한 도시부동산의 희소 데이터 환경에서의 VAE 적용 가능성 검토와 가상사례

5.1. 데이터의 사막에서 'AI 오아시스'를 찾다

부동산 가치 평가 모델의 정확성은 학습 데이터의 '양'과 '질'에 크게 의존한다. 하지만 우리가 마주하는 현실은 언제나 풍부한 데이터로 채워져 있지 않다. 이제 막 개발이 시작된 신도시, 거래 사례가 거의 없는 초고가 주택, 혹은 역사적 건물을 개조한 독특한 상업시설 등은 평가의 기준점으로 삼을 만한 비교 데이터가 극히 부족한 '데이터의 사막(Data Desert)'과 같다. 이러한 희소 데이터(Sparse Data) 환경은 전통적인 통계 기반 모델의 신뢰도를 크게 저하시키는 아킬레스건으로 작용한다.

이때, 생성형 AI의 한 종류인 '변이형 오토인코더(VAE)'는 이 데이터의 사막에서 '오아시스'를 만들어내는 놀라운 해결책을 제시한다. VAE는 단순히 있는 데이터를 분석하는 것을 넘어, 부족한 데이터를 보강하기 위해 "세상에 존재할 법한" 가장 현실적인 가상 데이터를 생성(Data Augmentation)해내는 능력을 갖추고 있다.

이는 마치 몇 개의 뼈 화석만으로 공룡의 전체 골격과 생전 모습을 완벽에 가깝게 복원해내는 고생물학자의 작업과 유사하다. VAE는 소수의 실제 데이터로부터 해당 부동산 유형의 핵심적인 '유전 법칙(DNA)'을 학습한 뒤, 이 법칙에 따라 무수히 많은 가상의, 그러나 지극히 현실적인 비교 사례들을 생성해낸다. 이를 통해 데이터의 공백을 메우고, 통계적

안정성을 확보하여 희소 데이터 환경에서도 신뢰도 높은 가치 평가를 가능하게 만드는 것이다.

5.2. 가상 사례

■ 가상 사례 1 – 신도시 초기 개발 지역의 가치 기준점 설정

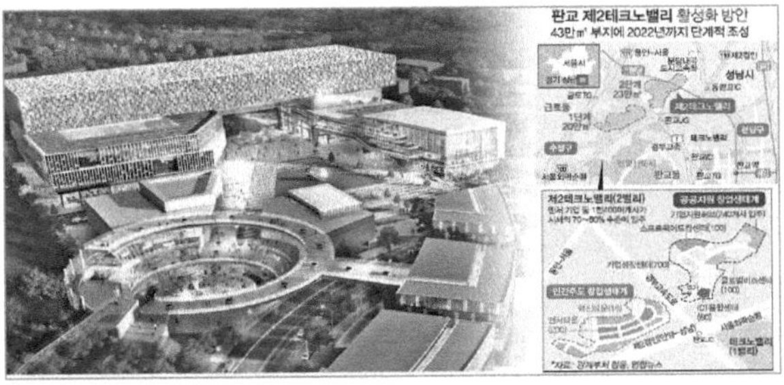

'판교 제2테크노밸리'에 1200곳 창업공간 생긴다
https://www.ajunews.com

1) **현안 과제:** '판교 제2테크노밸리'와 같이 이제 막 조성이 시작된 신규 개발 지역을 상상해보자. 이곳에 첫 번째 지식산업센터 '알파 타워'가 준공되었지만, 주변에 비교할 만한 거래 사례가 전무하여 초기 분양가나 임대료를 산정하기가 매우 어렵다.

2) **전통적 평가 모델의 한계:** 비교할 데이터가 없어 모델 자체가 작동하기 어렵다. 억지로 기존 도심의 유사 시설 데이터를 가져와도, 신도시의 미래 성장성, 특화된 산업 클러스터 효과 등 고유한 맥락을 반영하지 못해 평가 결과가 왜곡될 수밖에 없다.

3) **VAE 모델의 접근법:**

(1) **학습:** 먼저 기존의 '판교 제1테크노밸리', '성수동 지식산업센터' 등 성공적으로 자리 잡은 지역의 데이터를 VAE에 학습시킨다.

이때 VAE는 'IT 기업 밀집도', 'R&D 인프라', '교통 접근성', '녹지 비율' 등이 임대료에 미치는 복합적인 관계, 즉 '성공하는 지식산업센터의 DNA'를 학습한다.

(2) **가상 데이터 생성:** 다음으로, 이 학습된 모델에 '알파 타워'가 속한 신규 개발 지역의 계획 데이터(예정된 인프라, 입주 예정 기업 특성 등)를 입력한다. VAE는 이를 바탕으로, 만약 이곳에 수십, 수백 개의 지식산업센터가 이미 존재했다면 어떤 시세 분포를 보였을지를 시뮬레이션 하여 현실적인 가상 거래 데이터를 대량으로 생성한다.

(3) **가치 평가:** 이렇게 보강된 데이터를 기반으로 '알파 타워'의 적정 가치를 산출한다. 이는 단순한 추측이 아닌, 데이터에 기반한 체계적인 추론 과정이 된다.

4) 신규 개발 지역 '알파 타워' 가치 평가 비교

구분	데이터 환경	평가 방법	산출 가치 (3.3㎡당 임대료)
전통적 모델	거래 사례 0건 (희소 데이터)	인근 지역 유사 시설 단순 비교 미래 가치 반영 불가	평가 불가 또는 신뢰도 낮음 (예: 8만 원)
VAE 기반 모델	가상 생성 데이터 500건+	타 지역 성공 모델 DNA 학습 현실적 가상 데이터 생성 및 보강 미래 계획을 반영한 잠재 가치 추정	신뢰도 높음 (예: 11만 5,000원)

■ 가상 사례 2 – 세상에 단 하나뿐인 희소 부동산 가치 평가

1) **현안 과제:** 서울 북촌에 위치한, '1930년대 지어진 한옥을 개조한 '갤러리 겸 카페'가 매물로 나왔다. 이 부동산은 '역사성'이라는 무형의 가치와 현대적인 '상업성'이 결합된, 말 그대로 세상에 단 하나뿐인 물건이다.

한옥 건축, https://cafe.daum.net

2) 전통적 평가 모델의 한계: 비교 가능한 거래 사례(Comparable)가 존재하지 않는다. 주변 한옥 주택이나 일반 상가 건물의 가격을 기준으로 삼기에는 이 부동산이 가진 고유한 가치(역사성, 건축미, 희소성)를 전혀 설명할 수 없다. 평가는 표류하게 된다.

3) VAE 모델의 접근법:

(1) **특징 벡터화:** VAE는 이 부동산의 특징을 다차원 벡터로 변환한다. '건축 연대', '보존 상태', '목재 기둥과 서까래의 미학적 가치', '일일 유동인구', 'SNS 노출 빈도' 등 정량적, 비정형적 데이터를 모두 '가치 DNA'의 일부로 인식한다.

(2) **가상 군집 형성:** VAE는 학습된 잠재 공간 내에서 이 한옥 카페와 가장 유사한 '가상의 이웃'들을 생성해낸다. 예를 들어, '인사동의 전통찻집', '교토의 료칸을 개조한 레스토랑', '유럽 고성의 와이너리' 등 국경을 초월하여 '역사적 공간의 성공적 상업화'라는 공통 DNA를 가진 사례들의 특징을 조합하여 가상의 비교군을 형성한다.

(3) **상대적 가치 산정:** 이 '가상 군집(Virtual Cluster)' 내에서 해당 한옥 카페가 차지하는 상대적 위치를 파악하여, 세상에 없던 새로운 기준점을 통해 그 가치를 입체적으로 평가한다.

4) 북촌 한옥 카페 가치 평가 비교

구분	데이터 환경	평가 방법	산출 가치 (감정평가액)
전통적 모델	유사 거래 사례 0건 (Unique Property)	원가법 또는 인근 상가 비교 역사성, 희소성 등 무형 가치 반영 불가	45억 원 (과소평가 위험)
VAE 기반 모델	가상 비교 군집 형성	고유 특징(역사, 미학)을 DNA로 인식 성공적인 '유사 컨셉' 가상 데이터 생성 무형의 가치를 정량적 가치로 변환	62억 원 (잠재 가치 반영)

종합하면, 희소 데이터 환경에서 VAE의 활용은 단순히 기술적 해결책을 넘어, 부동산 평가와 도시계획의 패러다임을 전환시킨다. 데이터가 없어서 불가능하다고 여겨졌던 영역의 문을 열고, 잠재력은 있으나 저평가되었던 자산의 가치를 재발견하게 한다. 이는 미래 가치를 선제적으로 예측하고, 보다 창의적이고 과감한 도시 개발과 투자를 가능하게 하는 '창조적 도구'라 할 수 있다. AI가 데이터의 부재를 상상력으로 채워 나가는 시대, 우리는 도시의 숨겨진 가능성을 무한히 탐색할 수 있게 될 것이다.

6

VAE를 활용한 부동산 투자 포트폴리오 구성과 가상사례

6.1. '감'이 아닌 '데이터 DNA'로 구축하는 최적의 자산 배분

성공적인 투자의 핵심은 '달걀을 한 바구니에 담지 않는 것', 즉 분산투자에 있다. 부동산 포트폴리오 역시 마찬가지다. 하지만 전통적인 포트폴리오 구성은 아파트, 상가, 오피스 등 자산의 '종류'를 나누거나, 강남, 강북 등 '지역'을 분산하는 수준에 머무는 경우가 많았다. 이는 마치 주식 투자에서 업종만 나눌 뿐, 각 기업의 근본적인 성장성이나 안정성 같은 '체질'을 고려하지 않는 것과 같다.

여기서 '변이형 오토인코더(VAE)'는 부동산 포트폴리오 구성에 혁명적인 변화를 가져온다. VAE는 개별 부동산의 표면적 특징을 넘어, 그 안에 내재된 '가치 DNA' 즉, 잠재적 위험과 수익의 근원적 특성을 추출해낸다.

VAE가 학습을 통해 생성한 '잠재 공간(Latent Space)'은 수만 개 부동산의 복잡한 특성을 몇 개의 핵심적인 축으로 정리한 새로운 '부동산 유니버스' 지도와 같다.

부동산의 복잡한 특성을 몇 개의 핵심적인 축으로 정리한 지도를 활용하면, 우리는 단순히 '강남 아파트'와 '종로 상가'로 자산을 구분하는 대신, '안정적 현금흐름 창출형 자산'과 '높은 자본 차익 추구형 자산'이라는 본질적인 DNA를 기준으로 포트폴리오를 재구성할 수 있다. 더 나아가, VAE는 수천, 수만 가지의 미래 시장 시나리오를 시뮬레이션 하여, 특정 경제 충격이 발생했을 때 내 포트폴리오가 어떻게 반응할지를 예측하고 최적의 방어 전략까지 구축하게 돕는다. 이는 직관과 경험에 의존하던 자산 배분을 과학적 '리스크 관리'와 '기회 포착'의 영역으로 끌어올리는 것이다.

6.2. VAE를 활용한 부동산 투자 포트폴리오 구성 가상 사례

■ 가상 사례 1 – 은퇴 자금을 위한 '안정 성장형' 포트폴리오

1) **투자자 프로필:** 은퇴 후 안정적인 현금 흐름과 함께, 자산 가치의 완만한 상승을 추구하는 50대 후반의 투자자. 낮은 변동성을 최우선으로 고려한다.

2) **전통적 포트폴리오의 한계:** '아파트 50%, 상가 50%'와 같이 자산 유

형을 기준으로 분산했다. 하지만 아파트가 재건축 호재로 급등하는 동안 상가는 공실 문제로 어려움을 겪는 등, 두 자산의 위험-수익 특성이 동조 화되지 않아 전체 포트폴리오의 안정성이 기대에 미치지 못했다.

3) VAE 모델의 포트폴리오 재구성:

(1) DNA 분석: VAE는 도시 내 모든 부동산 데이터를 학습하여, 자산을 두 개의 핵심 DNA 군집으로 분류한다.

- 군집 A (안정적 캐시카우형): 역세권 대단지 아파트, 병원 인근 약국 상가 등. DNA 특징: 낮은 공실률, 꾸준한 임대수요, 경기 방어적.
- 군집 B (성장 잠재력형): 구도심 재개발 예정지 빌라, 신규 지하철 노선 예정지 인근 상가 등. DNA 특징: 높은 시세 차익 기대, 정책 및 개발 호재에 민감, 높은 변동성.

(2) 최적 배분: VAE는 수만 번의 시뮬레이션을 통해, 투자자의 목표(안정성 최우선)를 달성할 최적의 조합을 찾아낸다. 그 결과, '군집 A에 70%, 군집 B에 30%'를 배분하는 포트폴리오를 제안한다. 이는 자산의 종류가 아닌, '가치의 본질'에 기반한 진정한 분산 투자다.

4) VAE 기반 안정 성장형 포트폴리오 구성

구분	VAE 군집 DNA	대표 자산 예시	비중	기대 효과
군집 A	안정적 캐시카우형(Stable Cash Cow)	G 아파트 (대치동) 메디컬 빌딩 1층 상가 (신촌)	70%	꾸준한 임대 수익 확보 시장 하락기 가치 방어
군집 B	성장 잠재력형 (High-Growth Potential)	M 빌라 (성수동 재개발 구역) GTX 역사 예정지 인근 근린상가	30%	자본 차익 극대화 포트폴리오 총수익률 제고
최종 포트폴리오	위험-수익 균형 최적화	A(70%) + B(30%) 조합	100%	목표 수익률 7%, 목표 변동성 5% 달성

■ 가상 사례 2 – 공격적 투자를 위한 '초과 수익 추구형' 포트폴리오

1) **투자자 프로필:** 높은 위험을 감수하더라도 단기간에 높은 자본 차익(Alpha)을 추구하는 30대 전문직 투자자 또는 사모펀드.

2) **전통적 포트폴리오의 한계:** '재건축 아파트'나 '신축 상가' 등 이미 시장에 잘 알려진 고위험-고수익 상품에 집중한다. 하지만 정보 비대칭성이 낮아 기대만큼의 초과 수익을 얻기 어렵고, 시장이 꺾일 때 큰 손실을 볼 수 있다.

3) **VAE 모델의 '히든 젬' 발굴:**

(1) **이상 신호 탐지:** VAE는 전체 부동산 데이터의 잠재 공간을 분석하여, 대부분의 데이터가 밀집된 곳에서 멀리 떨어진 '이상치(Outlier) 군집'을 발견한다.

(2) **DNA 해석:** 이 군집의 DNA를 분석한 결과, '특수 목적 전환 가능형'이라는 새로운 유형임이 밝혀졌다.

• 군집 C (컨셉 특화형/Hidden Gem): 낡은 도심 창고(→다크 키친, 공유 오피스로 전환 가능), 대학교 인근 노후 주택(→코리빙 하우스로 리모델링 가능) 등. DNA 특징: 현재 가치 저평가, 특정 트렌드와 결합 시 가치 폭증, 높은 정보 비대칭성.

(3) **집중 투자:** VAE는 이 '군집 C'가 향후 2~3년 내 특정 산업 트렌드(배달 산업, 1인 가구 증가)의 수혜를 입을 확률이 80%에 달한다고 시뮬레이션 한다. 이에 따라, 포트폴리오의 60%를 이 군집에 집중하고, 나머지 40%는 유동성이 높은 초 우량 자산(군집 A)에 배분하여 리스크를 관리하는 전략을 제시한다.

4) VAE 기반 초과 수익 추구형 포트폴리오 구성

구분	VAE 군집 DNA	대표 자산 예시	비중	기대 효과
군집 C	컨셉 특화형 (Hidden Gem)	D 창고 (역삼동 배달 상권) E 다가구 주택 (안암동 대학가)	60%	잠재적 초과 수익 (Alpha) 창출 선점 효과를 통한 고수익 확보
군집 A	안정적 캐시카우형(Stable Cash Cow)	F 아파트 (목동)	40%	포트폴리오의 최소 안정성 확보 유동성 관리 및 리스크 헤지
최종 포트폴리오	초과 수익 극대화	C(60%) + A(40%) 조합	100%	목표 수익률 15%, 목표 변동성 12% 달성

종합하면, VAE를 활용한 부동산 포트폴리오 구성은 투자의 패러다임을 '자산 쇼핑'에서 '위험과 기회의 과학적 조율'로 바꾸어 놓는다. 이는 투자자의 목표와 위험 감수 성향에 맞춰 가장 효율적인 자산 배합을 찾아주는 '인공지능 PB(Private Banker)'를 곁에 두는 것과 같다. AI가 제공하는 깊이 있는 통찰력은 투자자가 시장의 불확실성 속에서도 흔들리지 않고, 장기적인 성공 확률을 높이는 가장 강력한 무기가 될 것이다.

제6장

트랜스포머(Transformer) 기반 부동산 텍스트 데이터 분석

1

트랜스포머 모델의 목표, 작동원리 및 기술, 역할, 장단점, 도시부동산 활용예시

ChatGPT의 등장으로 세상을 놀라게 한 거대 언어 모델(LLM)의 심장에는 바로 트랜스포머(Transformer) 아키텍처가 있다. 2017년 구글의 논문 "Attention Is All You Need"에서 처음 제시된 이 모델은, 순차적인 정보 처리 방식의 한계를 뛰어넘어 데이터 전체의 '관계'와 '문맥'을 종합적으로 파악하는 혁신을 이뤄냈다.

이는 마치 도시의 한 건물 가치를 평가할 때, 그 건물 자체만이 아니라 주변 도로, 공원, 상권, 그리고 미래 개발 계획까지 한 번에 조망하며 상호작용을 이해하는 것과 같다. 다음 표는 트랜스포머 모델의 모든 것을 압축하여 보여준다.

■ 트랜스포머 모델의 목표, 작동원리 및 기술, 역할, 장단점, 도시부동산 활용예시

구분	트랜스포머 모델(Transformer Model)
목표	순차적 데이터(텍스트, 시계열 등) 내 요소들 간의 장거리 의존성(Long-Range Dependency)과 복잡한 문맥을 완벽하게 이해하고, 이를 바탕으로 데이터의 숨겨진 의미와 관계를 파악하는 것을 목표로 한다.
작동원리 및 기술	1. 셀프 어텐션 (Self-Attention): 문장 내 모든 단어가 다른 모든 단어와 직접 관계를 계산하여, 어떤 단어에 더 '주목'해야 할지 결정한다. "그 건물의 전망은 그것을 특별하게 만든다"에서 '그것'이 '전망'을 가리킴을 명확히 아는 능력이다. 2. 병렬 처리: RNN/LSTM처럼 데이터를 순서대로 처리하지 않고, 모든 데이터를 한 번에 입력받아 동시에 처리한다. 3. 위치 인코딩 (Positional Encoding): 동시 처리의 단점을 보완하기 위해, 데이터의 상대적 또는 절대적 '위치' 정보를 입력 값에 추가하여 순서를 기억하게 한다.
역할	'문맥 이해 엔진 ' - 데이터의 표면적 의미를 넘어, 요소 간의 복잡한 상호작용과 전체적인 맥락을 파악하는 두뇌 역할을 수행한다. 도시부동산 분야에서는 '도시 맥락 분석가 '로서, 개별 부동산 정보와 주변 도시 인프라, 정책, 시장 심리 등 거시적 요인을 연결하여 종합적인 인사이트를 도출한다.
장단점	[장점] - 탁월한 문맥 파악 능력: 셀프 어텐션을 통해 미묘하고 복잡한 관계를 정확히 포착한다. - 빠른 학습 속도: 데이터 병렬 처리가 가능하여 대규모 데이터 학습에 매우 효율적이다. - 높은 확장성: 모델과 데이터의 크기가 커질수록 성능이 비약적으로 향상되어 거대 모델(LLM)의 기반이 된다. [단점] - 막대한 연산량: 모델이 크고 복잡하여 학습과 운영에 많은 컴퓨팅 자원과 비용이 소모된다. - 대규모 데이터 의존성: 높은 성능을 위해 방대한 양의 학습 데이터가 필수적이다. - 해석의 어려움 (Black Box): 특정 결론을 도출한 이유를 명확히 설명하기 어려울 수 있다.

도시부동산 활용 예시	1. 부동산 가치평가 보고서 자동 생성: 부동산의 기본 정보, 최근 실거래가, 관련 뉴스, 정부 정책 등을 입력하면, "본 부동산은 'GTX-D 노선 신설' 계획과 '인근 산업단지 고도화 사업'의 시너지 효과로 인해 미래 자산가치 상승 잠재력이 매우 높다고 판단된다"와 같이 요소 간의 관계를 해석한 서술형 보고서를 자동으로 생성한다. 2. 도시 개발 및 정책 영향 시뮬레이션:"A 지역에 대규모 공원을 조성할 경우" 라는 시나리오를 텍스트로 입력하면, 트랜스포머 모델이 주변 주택 가격, 상권 변화, 교통량, 인구 유입 등 복합적인 파급 효과를 예측하여 텍스트로 설명해준다. 3. 부동산 시장 심리 분석: 부동산 커뮤니티, 뉴스 댓글, SNS의 텍스트를 실시간으로 분석하여 '패닉바잉', '역전세난' 등 특정 키워드의 문맥상 의미 변화와 확산 추세를 파악하고, 시장의 긍정/부정 심리를 지수화하여 투자 타이밍 분석에 활용한다.

2

트랜스포머 모델의 구조와 어텐션 메커니즘의 설명과 가상사례

2.1. AI의 두뇌, 인코더-디코더와 '어텐션'이라는 혁신

트랜스포머 모델은 크게 두 부분으로 구성된, 마치 하나의 잘 훈련된 '전문 소통팀'과 같다. 한쪽은 인코더(Encoder)라는 '이해 전문가'이고, 다른 한쪽은 디코더(Decoder)라는 '표현 전문가'다.

(1) **인코더(Encoder, 이해 전문가)**: 인코더의 임무는 입력된 정보(예: 부동산 관련 뉴스 기사 전체)를 읽고 그 안에 담긴 핵심 의미와 문맥을 완벽하게 이해하는 것이다. 문장의 각 단어와 그 관계를 파고들어, 모든 의미를 함축한 '문맥 벡터(Context Vector)'라는 고차원의 숫자 표현으로 압축한다. 이는 마치 한 권의 책을 다 읽고 그 핵심 주제와 뉘앙스를 머릿속에 완벽히 정리한 상태와 같다.

(2) **디코더(Decoder, 표현 전문가)**: 디코더는 인코더가 만들어낸 이 '문맥 벡터'를 전달받아, 특정 과업에 맞는 결과물을 새롭게 생성한다. 예를 들어, '기사를 한 문장으로 요약해줘'라는 임무를 받으면, 문맥 벡터의 핵심 의미를 바탕으로 가장 적절한 단어를 순서대로 조합하여 유창한 요약문을 만들어낸다.

그렇다면 인코더는 어떻게 이토록 문맥을 잘 이해하는 것일까? 그 비밀이 바로 트랜스포머의 심장이자 혁신인 '어텐션 메커니즘(Attention Mechanism)'에 있다.

2.2. 어텐션 메커니즘(Attention Mechanism): 정보의 홍수 속에서 핵심에 '주목'하는 능력

어텐션(Attention), 즉 '주목'은 우리가 시끄러운 파티장에서도 원하는 사람의 목소리만 골라 듣는 능력과 같다. 정보의 홍수 속에서 지금 가장 중요한 정보에 집중하고, 덜 중요한 정보는 무시하는 것이다. 트랜스포머의 '셀프 어텐션(Self-Attention)'은 문장 속 모든 단어들이 서로에게 '얼마나 주목해야 할지'를 스스로 계산한다.

이 과정은 세 가지 요소, '쿼리(Query, Q), 키(Key, K), 밸류(Value, V)'를 통해 이루어진다. 도서관에서 책을 찾는 과정에 비유할 수 있다.

(1) **쿼리(Q)**: 내가 지금 찾고자 하는 정보(나의 질문)

(2) **키(K)**: 도서관에 있는 모든 책의 제목이나 주제어(색인)

(3) **밸류(V)**: 그 책에 담긴 실제 내용(정보)

'그 건물은 전망이 훌륭해서 인기가 많다'라는 문장에서 '그'라는 단어의 의미를 파악(Query)하기 위해, 문장 내 다른 모든 단어('건물', '전망' 등)의 특징(Key)과 유사도를 계산한다. 계산 결과, '건물'이라는 Key가 가장 유사도가 높게 나오면, 모델은 '건물'이라는 단어의 정보(Value)에 가장 높은 '어텐션 스코어(Attention Score)'를 부여하고 집중적으로 참고한다. 이를 통해 '그'가 바로 '건물'을 지칭함을 명확히 알게 되는 것이다.

2.3. 어텐션 메커니즘 가상 사례

■ 가상 사례 1 – 장거리 정보 연결을 통한 잠재가치 발견

어떤 부동산의 가치는 수십 페이지에 달하는 도시계획 보고서의 첫 문단과 마지막 문단에 의해 결정될 수도 있다. 어텐션은 이처럼 멀리 떨어진 정보들을 연결하는 데 탁월한 능력을 보인다.

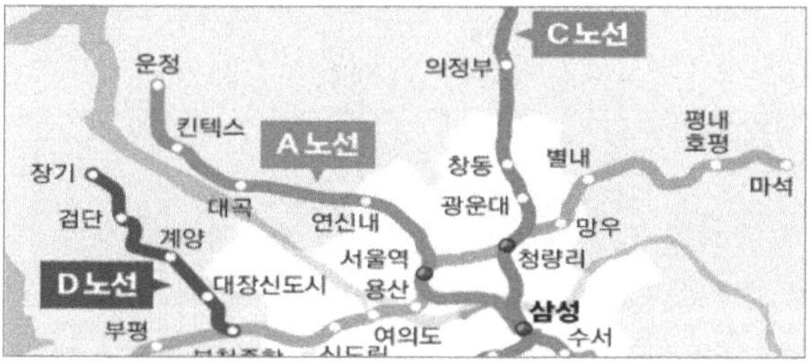

GTX-A 28년까지 삼성역 안 서고 통과, https://www.joongang.co.kr

1) **현안 과제:** 한 지역의 개발 계획 보고서가 있다. 보고서 서두(1p)에는 "GTX-A 노선 연장 및 신규 역사 건설 확정"이라는 내용이 언급되고, 한참 뒤인 후반부(24P)에는 별다른 특징이 없어 보이는 "A 빌라"의 현황이 기술되어 있다.

2) **어텐션의 작동:** A 빌라의 미래 가치를 평가(Query)할 때, 모델은 보고서 전체 단어(Key)들과의 관련성을 계산한다. 그 결과, 'A 빌라'는 'GTX', '역사', '연장' 등의 단어들과 매우 높은 어텐션 스코어를 기록한다.

물리적으로는 24페이지나 떨어져 있지만, 의미적으로는 매우 강력하게 연결되어 있음을 간파한 것이다.

3) 'A 빌라' 가치 평가 시 주요 단어 간 어텐션 스코어

쿼리 (Query)	키 (Key)	물리적 거리	어텐션 스코어 (가상 수치)	결론
A 빌라 (25p)	준공연도 (25p)	0	0.85	'A 빌라'의 현재 상태를 파악하기 위해 높은 주목도를 보인다.
A 빌라 (25p)	주변 상권 (24p)	1 페이지	0.70	인접한 정보에도 상당한 주목도를 보인다.
A 빌라 (25p)	GTX-A (1p)	24 페이지	0.95 (최고점)	가장 멀리 있지만, 미래 가치에 결정적 영향을 미치는 핵심 정보로 판단하여 최고 수준으로 주목한다.
A 빌라 (25p)	공원 (15p)	10 페이지	0.65	주변 환경 요소 역시 가치 평가에 중요한 정보로 참고한다.

4) **분석결과와 시사점:** 어텐션 메커니즘은 정보의 물리적 거리를 뛰어넘어 의미적 연관성을 찾아냄으로써, A 빌라가 단순한 노후 빌라가 아닌 '초역세권 예정지의 핵심 투자처'라는 본질을 꿰뚫어 볼 수 있게 한다.

■ 가상 사례 2 – 복잡한 정책 속에서 핵심 수혜 정보 판별

정부의 부동산 정책은 여러 규제와 지원책이 혼재되어 발표되는 경우가 많아, 특정 부동산에 미치는 영향을 정확히 판단하기 어렵다. 어텐션은 이 복잡한 맥락 속에서 핵심을 판별해낸다.

1) **현안 과제:** 정부가 "부동산 시장 안정화 대책"을 발표했다. 내용에는 '다주택자 양도세 중과(규제)'와 '생애최초 주택구입자 LTV 완화(지원)'가 동시에 포함되어 있다. 평가 대상은 "신혼부부 B 씨가 매입하려는 C 아파트"다.

2) 어텐션의 작동: C 아파트의 가치 변동을 예측(Query)할 때, 모델은 전체 정책 내용(Key)을 살핀다. 이때 '신혼부부', '생애최초'라는 평가 대상의 속성이 'LTV 완화'라는 Key와 높은 유사도를 보이며 높은 어텐션 스코어를 기록한다. 반면, '다주택자 양도세 중과'라는 Key와는 관련성이 거의 없어 매우 낮은 스코어를 기록하며 사실상 무시한다.

3) 'C 아파트'에 대한 정책 영향 분석 어텐션 스코어

쿼리 (Query)	키 (Key)	정책 성격	어텐션 스코어 (가상 수치)	결론
C 아파트 (생애최초)	LTV 완화 (지원)	긍정적	0.98 (최고점)	평가 대상에 직접적인 수혜를 주는 핵심 정책으로 판단하여 절대적으로 주목한다.
C 아파트 (생애최초)	취득세 감면 (지원)	긍정적	0.80	부가적인 긍정적 요인으로 중요하게 참고한다.
C 아파트 (생애최초)	다주택자 양도세 (규제)	부정적	0.05 (최저점)	평가 대상과 전혀 관련 없는 정책으로 판단하여 사실상 무시(Ignore)한다.
C 아파트 (생애최초)	DSR 규제 강화 (규제)	부정적	0.15	일부 영향이 있을 수 있으나, LTV 완화에 비해 중요도가 현저히 낮다고 판단한다.

4) 분석결과와 시사점: 어텐션 메커니즘은 복잡하게 얽힌 정책의 홍수 속에서, 평가 대상의 정확한 상황(Context)에 맞는 핵심 정보만을 선별하여 'C 아파트'가 이번 정책의 명백한 수혜 대상임을 정확히 진단하고, 긍정적인 가치 평가를 내리게 한다.

3

부동산 관련 텍스트 데이터 처리와 감성 분석과 가상사례

3.1. 도시의 목소리를 듣는 기술, 데이터에서 민심을 읽다

부동산의 가치는 더 이상 토지대장이나 건축물대장에 박제된 숫자만으로 결정되지 않는다. 온라인 커뮤니티의 생생한 후기, 뉴스 기사에 달린 수천 개의 댓글, 소셜미디어에 퍼지는 '힙한 동네'라는 입소문 등 눈에 보이지 않는 텍스트 데이터(Text Data) 속에 숨겨진 대중의 '감성'과 '심리'가 시장을 움직이는 강력한 힘이 되었다. 자연어 처리(NLP) 기술은 바로 이 도시의 목소리를 듣고, 그 안에 담긴 민심을 계량화하는 혁신적인 도구이다.

AI가 이 텍스트 데이터를 이해하기 위해서는 먼저 데이터를 정제하는 전처리(Preprocessing) 과정이 필수적이다. 이는 마치 요리사가 최상의 요리를 위해 식재료를 손질하는 것과 같다.

(1) **토큰화**(Tokenization): 문장을 최소 단위의 의미를 갖는 조각(토큰)으로 나누는 과정이다. "이 아파트, 전망은 정말 최고!"
→ "이", "아파트", "전망", "은", "정말", "최고", "!"

(2) **불용어 제거**(Stopword Removal): 문장에서 큰 의미가 없는 조사, 접속사 등(은, 는, 이, 가 등)을 제거하여 핵심 단어만 남긴다.
→ "아파트", "전망", "정말", "최고"

(3) **정규화**(Normalization): '최고다', '최고의', '최고네요' 등 형태가 다른 단어들을 '최고'라는 하나의 기본형으로 통일한다.

이렇게 깨끗하게 정제된 데이터를 바탕으로 "감성 분석(Sentiment Analysis)"을 수행한다. 감성 분석은 해당 텍스트가 담고 있는 감정의 극성(Polarity)을 "긍정(Positive), 부정(Negative), 중립(Neutral)"으로 분류하는 기술이다. 최근 AI는 단순히 '좋다', '나쁘다' 같은 단어의 유무를 넘어, "가격 빼고는 다 만족"과 같은 복잡한 문맥까지 이해하여 긍정과 부정 요소를 분리해낼 수 있다. 이를 통해 특정 부동산이나 지역에 대한 시장의 미세한 온도 변화까지 측정 가능한 지표로 만들 수 있다.

3.2. 텍스트 데이터 처리와 감성 분석가상 사례

■ 가상 사례 1 – 데이터로 포착한 '뜨는 동네'의 전조 증상

철공소와 창작촌 사이 매력 만점 문래동 서울사랑
https://opengov.seoul.go.kr

1) **현안 과제:** 서울의 한적한 공업 지역이었던 '문래 창작촌' 인근이 전통적인 가치 평가 모델로는 저평가되고 있었다. 하지만 온라인상에서는 미묘한 변화의 기류가 감지되고 있었다.

2) **분석 과정:** AI가 지난 2년간 '문래동' 관련 블로그, 인스타그램, 뉴스 댓글 등 100만 건의 텍스트 데이터를 수집 및 분석했다.

3) **분석 결과:** 초기에는 '낡은', '시끄러운', '공장' 등 부정적, 중립적 키

워드가 다수였으나, 특정 시점(1년 전)부터 '힙스터', '숨은 맛집', '인생샷', '분위기 깡패' 등 긍정적이고 트렌디한 키워드의 출현 빈도가 폭발적으로 증가했다. 감성 분석 결과, 긍정 점수가 분기마다 급격히 상승하는 '골든 크로스' 현상이 나타났다.

4) '문래 창작촌' 텍스트 데이터 시계열 감성 분석

분석 기간	주요 긍정 키워드 (빈도)	주요 부정 키워드 (빈도)	종합 감성 지수 (가상 수치, -1 ~ +1)	분석 결과
2년 전	예술(50), 공방(30)	소음(250), 노후(200)	-0.45	부정적 인식이 지배적인 상태
1년 전	맛집(300), 힙한(250)	주차(150), 소음(120)	+0.15	긍정적 인식으로의 전환 시작
6개월 전	인생샷(800), 분위기(750)	주차(180), 복잡함(100)	+0.68	긍정적 여론이 시장을 압도하며 '핫플레이스'로 부상
현재	핫플(1500), 데이트(1200)	젠트리피케이션(200)	+0.75	완전한 인기 지역으로 자리매김, 일부 부작용 언급 시작

5) 시사점: 감성 분석을 통해 부동산 실거래 가격이 상승하기 6개월에서 1년 전에 나타나는 "시장의 긍정적 '전조 증상"을 포착할 수 있었다. 이는 미래 가치를 선점하려는 투자자에게 매우 강력한 인사이트를 제공한다.

■ 가상 사례 2 – 완벽해 보이는 신축 아파트의 '숨겨진 리스크' 진단

1) 현안 과제: 수도권 신도시에 입주를 시작한 신축 '퍼스트 캐슬' 아파트. 역세권, 대단지, 최고급 커뮤니티 시설 등 모든 공식적인 지표가 완벽하여 최고의 가치 평가를 받았다.

2) 분석 과정: AI가 해당 아파트의 실거주자 온라인 커뮤니티, 입주민 채팅방, 지역 맘카페 등 외부에서는 접근하기 어려운 '내부자' 데이터

를 집중적으로 분석했다.

3) **분석 결과:** 공식 홍보 자료와는 정반대의 감성이 감지되었다. '층간 소음', '주차 지옥', '날림 공사', '하자 보수' 등 실제 생활의 불편함과 관련된 구체적인 부정 키워드가 높은 빈도로 등장했다. 특히 '건설사'와 '하자'라는 단어가 함께 나타나는 비율이 비정상적으로 높았다.

4) '퍼스트 캐슬' 아파트 측면별 감성 분석

평가 측면	관련 긍정 키워드	관련 부정 키워드	측면별 감성 지수 (가상 수치, -1 ~ +1)	분석 결과
입지/교통	역세권, 신도시, 편리함	출퇴근 정체, 배차간격	+0.85	입지 조건에 대한 만족도는 매우 높음
단지/외관	신축, 디자인, 조경	마감 미흡, 외벽 균열	+0.20	겉모습은 긍정적이나, 세부적인 불만 존재
주거 만족도	커뮤니티, 넓은 평면	층간소음, 주차난, 하자	-0.78	실제 생활과 직결되는 영역에서 심각한 수준의 불만족 표출
종합 평가	-	-	+0.09	겉으로 드러난 장점과 숨겨진 단점이 상쇄되어, 겉보기와 다른 '빛 좋은 개살구'일 가능성 시사

5) **시사점:** 감성 분석은 공식 데이터 너머의 '실거주 가치'를 측정하는 현미경 역할을 한다. 이는 단기적인 시세차익이 아닌, 장기적인 주거 만족도와 자산 안정성을 중시하는 실수요자 및 투자자에게 치명적일 수 있는 숨겨진 리스크를 조기에 경고해준다.

4

도시부동산 매물 설명문에서의 핵심 키워드 추출 방법과 가상사례

4.1. 미사여구 속에서 '가치의 보석'을 캐내는 AI 광부

부동산 매물 설명문은 종종 화려한 미사여구와 정형화된 표현으로 가득 찬 '텍스트의 정글'과 같다. "햇살 가득한", "초역세권의", "최고급 마감재" 등 수많은 표현 속에서, 해당 부동산의 가치를 결정하는 진짜 '핵심 키워드'를 가려내는 것은 숙련된 전문가에게도 쉽지 않은 일이다. AI 기반의 키워드 추출 기술은 바로 이 텍스트 정글을 탐험하며 가치의 원석만을 정확히 캐내는 '인공지능 광부' 역할을 수행한다.

4.1.1. AI기반 매물 설명문에서의 핵심 키워드를 추출하는 두 가지의 정교한 방법론

AI는 크게 두 가지의 정교한 방법론을 통해 이 임무를 수행한다.

1) TF-IDF(단어 빈도-역문서 빈도, Term Frequency-Inverse Document Frequency): 이 방법은 특정 매물 설명문에서 자주 등장하면서(TF, 단어 빈도), 다른 모든 매물에서는 잘 등장하지 않는(IDF, 역문서 빈도) 단어에 높은 점수를 부여하는 방식이다. 예를 들어 '아파트'라는 단어는 모든 매물에 등장하므로 중요도가 낮다(낮은 IDF). 하지만 '초품아(초등학교를 품은 아파트)'나 '파노라마 한강 뷰' 같은 단어는 특정 매물에서만 집중적으로 등장하므로, 해당 매물의 독보적인 가치(Unique Selling Proposition)를 나타내는 핵심 키워드로 판단

된다. 이는 마치 여러 사람의 이력서 속에서 '성실함'이라는 흔한 단어보다 '양자역학 박사'라는 희귀한 단어가 그 사람의 핵심 역량을 보여주는 것과 같다.

2) **토픽 모델링**(Topic Modeling, 예: LDA): 토픽 모델링은 한 단계 더 나아가, 단순히 개별 키워드를 찾는 것을 넘어 매물 설명문 전체에 숨겨진 '주제(Topic)' 또는 '컨셉(Concept)'을 발견하는 기술이다. AI가 수만 개의 매물 데이터를 읽고 스스로 "아, 이 매물들은 주로 '신혼부부 맞춤형'이라는 주제를 이야기하고, 저 매물들은 '싱글 전문직의 라이프스타일'에 대해 이야기하는군" 하고 군집을 형성하는 것과 같다. 이를 통해 우리는 개별 부동산이 지향하는 '라이프스타일 DNA'와 주된 소구 포인트를 파악하여, 보다 심층적인 가치 분석을 수행할 수 있다.

■ **AI 기반 매물 설명문 핵심 키워드 추출 방법론 별 목표, 분석방법, 역할, 도시 부동산 활용예시**

구분	TF-IDF (Term Frequency-Inverse Document Frequency)	토픽 모델링 (Topic Modeling)
목표	특정 매물 설명문 내에서 독보적 중요도를 가지는 핵심 단어를 식별하는 것을 목표로 한다.	전체 매물 데이터에 잠재된 주제(Topic) 또는 개념(Concept)을 발견하는 것을 목표로 한다.
분석 방법	특정 문서 내 단어의 출현 빈도(TF)와 전체 문서에서 해당 단어의 희소성(IDF)을 곱하여 단어의 중요도를 수치화한다.	문서 집합 내에서 단어들이 함께 등장하는 패턴을 통계적으로 분석하여, 숨겨진 주제별로 단어 군집을 형성한다.
역할	개별 매물이 가진 독보적인 가치(Unique Selling Proposition)를 명확하게 드러내는 키워드를 추출하는 역할을 수행한다.	개별 부동산이 지향하는 '라이프스타일 DNA'와 시장 내 주된 소구 포인트를 파악하여 심층적인 가치 분석을 가능하게 한다.

도시부동산 활용 예시	다수의 매물에서는 잘 등장하지 않는 '초품아(초등학교를 품은 아파트)', '파노라마 한강 뷰' 등 특정 매물의 차별화된 가치를 직접적으로 나타내는 키워드를 정확히 추출해낸다.	수만 개의 매물 데이터를 분석하여 '신혼부부 맞춤형 주거', '싱글 전문직 라이프스타일' 등과 같은 시장의 주요 트렌드 및 타겟 고객층에 따른 매물 군집을 식별하고 그 특성을 분석한다.

4.2. 매물 설명문에서의 핵심 키워드 추출 방법 가상 사례

■ 가상 사례 1 – TF-IDF로 찾아낸 평범한 아파트의 '결정적 한 방'

1) **시나리오:** 수많은 매물 속에 묻혀 있는 평범한 'D 아파트 802호'. 이 아파트의 진짜 매력 포인트를 빠르고 정확하게 찾아내고자 한다.

2) **분석 과정:** AI가 'D 아파트 802호'의 매물 설명문을 서울시 아파트 매물 5만 건의 데이터베이스와 비교하여 TF-IDF 분석을 수행한다.

3) **분석 결과:** '방 3개', '화장실 2개', '역세권' 등 자주 쓰이는 단어들은 TF-IDF 점수가 낮게 나왔다. 하지만 유독 '올수리', '남향채광', '초품아'라는 세 단어의 점수가 비정상적으로 높게 나타났다. 이는 이 세 가지 요소가 다른 매물과 차별화되는 이 아파트만의 강력한 무기임을 의미한다.

4) 'D 아파트 802호' 설명문 TF-IDF 스코어 분석

키워드	TF (해당 문서 내 빈도)	IDF (전체 문서 중 희소성)	TF-IDF 스코어	가치 해석
방	5	1.1	5.5	기본적인 정보로 중요도 낮음
역세권	3	2.5	7.5	흔하게 사용되는 장점으로 중요도 보통
올수리	6	8.2	49.2	최근 전체 리모델링을 거쳐 추가 비용이 없는 강력한 장점

남향채광	4	7.5	30.0	주거 만족도에 큰 영향을 미치는 선호도 높은 요소
초품아	3	9.5	28.5	어린 자녀를 둔 학부모 수요층에 절대적인 구매 요인

5) 결론 및 시사점: TF-IDF 분석은 매물 홍보 문구의 핵심을 정확히 꿰뚫어, 이 아파트의 가치를 떠받치는 세 개의 기둥이 '수리 상태', '채광', '학군'임을 명확히 제시한다. 이는 잠재 매수자에게 가장 중요한 정보를 하이라이트 해주는 효과를 가진다.

■ 가상 사례 2 – 토픽 모델링으로 발견한 오피스텔의 '라이프스타일 DNA'

강남루덴스, 강남역에서 걸어서 5분 알짜 '수익형 오피스텔' | 동아일보
https://www.donga.com

1) 현안 과제: 강남역 인근에 위치한 신축 '더 제니스 오피스텔'. 이 오피스텔이 어떤 고객층을 타겟으로 하며, 어떤 라이프스타일을 제안하는지. 그 본질을 파악하고자 한다.

2) 분석 과정: AI가 강남 3구 오피스텔 매물 1만 건을 대상으로 토픽 모델링(LDA)을 수행하여, 시장에 존재하는 주요 '컨셉'들을 도출한다. 이

후 '더 제니스 오피스텔'의 설명문이 각 토픽에 얼마나 부합하는지 분석한다.

3) **분석 결과**: AI는 3개의 주요 토픽을 발견했다.

- 토픽 1 (직주근접형): 키워드 - #회사 #편리 #교통 #가성비 #깔끔
- 토픽 2 (럭셔리 라이프형): 키워드 - #호텔식 #컨시어지 #파티룸 #피트니스 #조망
- 토픽 3 (소호(SOHO) 업무형): 키워드 - #사무실겸용 #사업자 #미팅룸 #주소지 '더 제니스 오피스텔'은 분석 결과, 토픽 2(럭셔리 라이프형)에 75%의 압도적인 비중을 보였다.

4) '더 제니스 오피스텔' 토픽 모델링 분석 결과

발견된 토픽 (컨셉)	토픽별 핵심 키워드	'더 제니스'의 토픽 구성 비율	가치 해석
토픽 1: 직주근접형	#회사, #편리, #교통, #가성비, #깔끔	15%	기본적인 직주근접성은 갖추고 있음
토픽 2: 럭셔리 라이프형	#호텔식, #컨시어지, #파티룸, #피트니스, #조망	75%	단순 주거 공간이 아닌, 고급 라이프스타일을 판매하는 상품임
토픽 3: 소호(SOHO) 업무형	#사무실겸용, #사업자, #미팅룸, #주소지	10%	일부 업무용 수요도 고려하고 있음

5) **결론 및 시사점**: 토픽 모델링을 통해 '더 제니스 오피스텔'의 가치는 단순한 평당 가격이 아니라, 고급 호텔 같은 서비스와 커뮤니티를 제공하는 '라이프스타일 상품'이라는 본질에 있음을 알 수 있다. 따라서 가치 평가 시 인근의 일반 오피스텔이 아닌, 유사한 컨셉의 고급 레지던스나 호텔과 비교하는 것이 더 합리적이라는 결론을 내릴 수 있다. 이는 평가의 기준점을 재설정하는 매우 중요한 발견이다.

5

뉴스, SNS를 통한 부동산 시장 트렌드 예측과 가상사례

5.1. 시장의 속삭임, AI로 미래를 엿보다

전통적인 부동산 시장 분석은 주로 이미 일어난 거래 데이터를 바탕으로 이루어진다. 이는 마치 자동차의 백미러를 보고 운전하는 것과 같아서, 과거의 패턴을 이해하는 데는 유용하지만 미래의 급격한 변화를 예측하기는 어렵다. 하지만 생성형 AI는 뉴스, 소셜미디어(SNS) 등 살아 숨 쉬는 비정형 텍스트 데이터를 분석하여, 시장 참여자들의 집단 지성, 즉 '시장의 속삭임'을 포착하고 이를 통해 미래를 예측하는 새로운 지평을 열었다.

AI는 매일 쏟아지는 수십만 건의 뉴스 기사, 정책 발표, 블로그 포스팅, 인스타그램 게시물, 온라인 커뮤니티의 댓글들을 실시간으로 읽어들인다. 이 과정에서 AI는 세 가지 핵심적인 역할을 수행한다.

"AI는 매일 쏟아지는 온라인 커뮤니티의 댓글들을 실시간으로 읽어 들인다"에서 AI의 3가지 역할

첫째, '토픽 모델링(Topic Modeling)'을 통해 텍스트의 바다에서 의미 있는 주제들을 스스로 발견한다. 예를 들어, 'A 지역 재개발 논의', 'B 노선 연장 기대감', 'MZ세대의 새로운 주거 트렌드'와 같은 핵심 담론들을 식별해낸다.

둘째, '감성 분석(Sentiment Analysis)'을 통해 각 주제에 대한 사람들의 감정(긍정, 부정, 중립)을 측정한다. 이를 통해 특정 지역이나 정책에 대한 '시장 기대 심리 지수'를 생성할 수 있다.

셋째, '이상 신호 탐지(Anomaly Detection)'를 통해 특정 키워드나 주제의 언급 량이 비정상적으로 급증하는 '스파이크(Spike)' 현상을 포착한다. '패닉바잉', '영끌'과 같은 키워드의 급증은 시장의 과열을, '역전세', '금리 부담'의 급증은 시장의 냉각을 알리는 강력한 선행지표가 된다.

종합하면, 거래량이나 가격 변동이라는 '결과 지표'가 나타나기 전에, 그 원인이 되는 대중의 관심과 심리 변화라는 '원인 지표'를 먼저 포착하는 것, 이것이 바로 AI를 통한 트렌드 예측의 핵심이다. 이는 시장의 미래를 내다보는 '망원경'을 갖게 되는 것과 같다.

■ **온라인 커뮤니티 분석을 통한 AI의 3가지 핵심 역할**

역할 (기술)	수행 내용	분석 예시	부동산 시장에서의 의의
토픽 모델링 (Topic Modeling)	방대한 텍스트 데이터 속에서 통계적 분석을 통해 의미 있는 핵심 주제와 담론을 자율적으로 발견하고 식별한다.	'A 지역 재개발 논의', 'B 노선 연장 기대감', 'MZ세대 주거 트렌드' 등과 같은 시장의 주요 관심사를 도출해낸다.	시장을 움직이는 핵심 논의가 무엇인지 객관적으로 파악할 수 있는 기반을 제공한다.
감성 분석 (Sentiment Analysis)	특정 주제 및 키워드에 대해 형성된 여론의 긍정, 부정, 중립 등 감성적 뉘앙스와 강도를 정량적으로 측정한다.	특정 지역 개발 정책에 대한 '시장 기대 심리 지수'를 생성하거나, 특정 아파트 단지에 대한 긍·부정 여론을 수치화한다.	데이터에 기반하여 시장 참여자들의 심리적 동요와 기대치를 지수화하고, 이를 통해 시장 분위기를 정밀하게 측정한다.
이상 신호 탐지 (Anomaly Detection)	특정 키워드나 주제의 언급량이 단기간에 비정상적으로 급증하는 '스파이크(Spike)' 현상을 실시간으로 포착한다.	'패닉바잉', '영끌' 키워드의 급증을 통해 시장 과열을, '역전세', '금리 부담'의 급증을 통해 시장 냉각 가능성을 사전에 감지한다.	가격이나 거래량 같은 결과 지표가 나타나기 전, 대중의 심리 변화라는 원인 지표를 먼저 포착하여 시장 변곡점을 예측하는 강력한 선행지표가 된다.

5.2. 뉴스, SNS를 통한 부동산 시장 트렌드 예측가상 사례

■ 가상 사례 1 – AI, '핫플레이스'의 탄생을 예고하다

요즘 대세는? 성수동 '연무장길' : 네이버 블로그
https://m.blog.naver.com

1) **현안 과제:** 과거에는 주목받지 못했던 서울의 한적한 주택가, '성수동 연무장길 뒷골목'. 공식적인 지가나 거래 데이터에는 아무런 변화가 없었지만, AI는 이곳에서 미세한 변화의 신호를 감지하기 시작했다.

2) **데이터 분석:** AI는 지난 2년간 해당 지역을 언급한 인스타그램, 블로그, 지역 뉴스 등 약 50만 건의 텍스트 데이터를 분석했다. 2년 전만 해도 이 지역의 주요 연관 키워드는 '오래된', '공장', '한적한' 등 대부분 중립적이거나 다소 부정적인 것들이었다. 당시의 종합 감성 지수는 -0.2 수준에 머물렀다. 하지만 약 1년 전부터 변화가 시작되었다.

3) **토픽 모델링 결과:** 토픽 모델링 결과, '#카페투어', '#독립서점', '#디자이너공방' 등 이전에는 없던 새로운 주제 클러스터가 형성되기 시작했다. 이때를 기점으로 종합 감성 지수는 +0.3으로 전환되었다.

4) **결정적 신호:** 결정적 신호는 6개월 전에 나타났다. '#성수동데이트', '#뷰맛집', '#인생샷명소' 와 같은 키워드 언급량이 주간 100여 건에서 1,800여 건으로 폭발적으로 급증하는 스파이크 현상이 발생했다. 공

정적 키워드의 비중이 부정적 키워드를 압도하며, 종합 감성 지수는 +0.8에 육박했다.

5) 결론 및 시사점: AI는 이 분석을 바탕으로, “향후 6개월 내 해당 지역의 상업용 부동산 임대료가 최소 30% 이상 상승하고, 소형 주택의 매매가 역시 강한 상승 압력을 받을 것”이라는 예측 리포트를 생성했다. 이는 어떠한 공식 통계나 거래 가격 변동보다 약 6~9개월 앞선 예측이었고, 실제로 이후 해당 지역은 서울의 대표적인 ‘핫플레이스’로 부상하며 예측을 증명했다.

■ 가상 사례 2 – AI, 시장의 ‘한파’를 미리 경고하다

1) 시나리오: 수도권 아파트 시장이 끝없이 오를 것처럼 과열되던 시점, 대부분의 시장 참여자들은 ‘지금 아니면 못 산다’는 불안감에 휩싸여 있었다. AI는 이 집단적 열기 속에서 시장 냉각의 첫 ‘경고 신호’를 포착하는 임무를 수행했다.

2) 데이터 분석: AI는 주요 부동산 커뮤니티와 뉴스 댓글 데이터를 실시간으로 모니터링했다. 6개월 전 시장의 정점에서는 ‘#패닉바잉’, ‘#신고가릴레이’, ‘#영끌’이 핵심 키워드였으며, 관련 게시물에는 ‘더 오를 것’이라는 긍정적, 혹은 ‘불안하다’는 중립적 감성이 혼재하며 종합 감성 지수는 +0.5 수준을 유지했다.

3) 변화의 조짐: 변화의 조짐은 3개월 전부터 나타났다. ’금리 인상’과 ‘대출 규제’라는 키워드의 언급량이 전월 대비 400% 이상 급증하며 새로운 핵심 토픽으로 부상했다. 동시에, 기존의 ‘#영끌’ 키워드와 함께 ‘#이자부담’, ‘#하우스푸어’, ‘#영끌후회’와 같은 부정적인 연관어들이 새롭게 등장하기 시작했다.

4) 가장 결정적인 데이터는 현재 시점: 가장 결정적인 데이터는 현재 시점이었다.*'급매', '마이너스 프리미엄', '역전세'와 같은 명백한 하락 신호 키워드들의 주간 언급 량이 3개월 전에 비해 500% 이상 폭증했다. 시장의 종합 감성 지수는 +0.5에서 -0.6으로 급격히 곤두박질쳤다.

AI는 이 데이터를 바탕으로, "시장의 심리적 변곡점이 지났으며, 매수 우위 시장에서 매도 우위 시장으로의 전환이 시작되었다"고 진단했다. 또한, "향후 3개월 내 서울 외곽 지역부터 거래량 급감과 실거래가 하락이 관측될 것"이라고 예측했다. 이는 시장 참여자들이 체감으로 느끼기 전에, 데이터 속에서 먼저 '시장의 '심리적 한파'를 감지하고 조기 경보를 발령한 사례가 된다.

6

부동산 계약서와 법규 문서 자동 분석 시스템과 가상사례

6.1. AI, 당신의 손안에서 잠들지 않는 법률 비서가 된다

부동산 계약서와 관련 법규 문서는 수많은 전문 용어와 복잡한 조항들로 가득한, 일반인에게는 해독하기 어려운 암호문과 같다. 사소해 보이는 문구 하나가 수억 원의 자산을 위협하는 '독소 조항'이 될 수 있으며, 수많은 서류 속에 숨겨진 권리관계를 파악하지 못해 막대한 손실을 보기도 한다. 생성형 AI 기반의 '법률 문서 자동 분석 시스템'은 바로 이 정보 비대칭의 장벽을 허물고, 누구나 자신의 권리를 지킬 수 있도록 돕는 강력한 디지털 안전망이다.

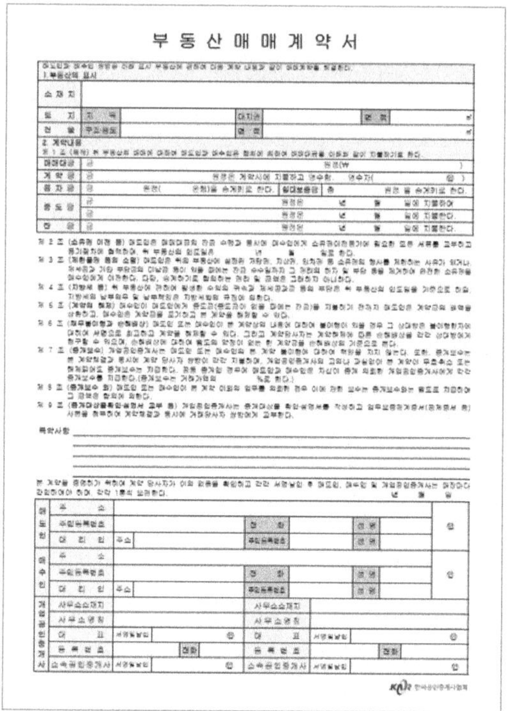

부 동 산 매 매 계 약 서

부동산매매계약서 작성방법과 계약서 각 조항의 법률적 의미
https://www.lawsyk.com

AI기반 계약서와 법규 문서 자동 분석 시스템 두 가지 핵심 기능

이 시스템은 마치 superhuman 변호사와 베테랑 탐정으로 구성된 팀처럼 작동한다. AI는 크게 두 가지 핵심 기능을 수행한다.

첫째, 정보 추출 및 구조화 기능이다. AI는 사진으로 찍거나 스캔한 계약서, 등기부등본 등 비정형 텍스트를 순식간에 디지털 정보로 변환한다. 이후, 계약의 핵심 요소인 '계약 당사자 정보 ', '부동산의 표시', '계약금, 중도금, 잔금의 액수와 지급일', 그리고 가장 중요한 '특약사항'등을 정확히 추출하여 한눈에 보기 쉽게 구조 화한다.

둘째, 법률 리스크 자동 검토 기능이다. 이것이 바로 AI의 진정한 능력이다. AI는 추출된 계약 내용을 수만 건의 '관련 법규(민법, 주택임대차보호법 등)', '최신 판례', 그리고 '표준 계약서 '데이터베이스와 실시간으로 비교 분석한다. 이를 통해 일반적인 계약 조건과 다르거나, 계약자에게 잠재적으로 불리할 수 있는 조항, 혹은 법적으로 무효가 될 가능성이 있는 내용들을 즉시 식별하여 사용자에게 "위험 신호"를 보낸다.

결국 이 시스템은 법률 지식이 부족한 개인도 전문가 수준의 검토를 받은 것과 같은 효과를 누리게 함으로써, 부동산 거래의 투명성과 안정성을 획기적으로 높이는 역할을 한다.

■ **AI 기반 계약서 및 법규 문서 자동 분석 시스템**

구분	내용
목표	계약서 및 법규 문서에 내재된 법률 리스크를 자동으로 검토하고 식별하여, 사용자가 잠재적 위험을 사전에 인지하고 예방하도록 지원하는 것을 목표로 한다.
작동 기술	1. 정보 추출 및 구조화: 비정형 텍스트(스캔된 계약서, 등기부등본 등)를 디지털 정보로 변환하고, 계약 당사자, 부동산 표시, 계약금, 특약사항 등 핵심 요소를 추출하여 체계적으로 구조화 한다. 2. 법률 리스크 자동 검토: 추출된 계약 내용을 관련 법규, 최신 판례, 표준 계약서로 구성된 데이터베이스와 실시간으로 비교 분석하여 법적 유효성 및 잠재적 위험 요소를 식별한다.
역할	'초인적인 변호사' 또는 '베테랑 탐정'과 같이, 복잡한 문서 속에서 일반인이 놓치기 쉬운 독소 조항이나 법적으로 문제가 될 수 있는 부분을 신속하고 정확하게 찾아내 사용자에게 '위험 신호'를 보내는 역할을 수행한다.
장점	- 비정형 문서를 신속하게 분석하여 핵심 정보를 정확히 추출한다. - 방대한 법률 데이터베이스와 실시간 비교를 통해 객관적인 리스크 분석이 가능하다. - 잠재적으로 불리하거나 무효가 될 수 있는 조항을 사전에 식별하여 법적 분쟁을 예방한다.
도시부동산 활용 예시	사용자가 체결할 아파트 전세 계약서를 시스템에 업로드하면, AI는 계약서의 특약사항을 분석한다. 이때 '임대인은 임차인의 전세자금대출에 동의하지만, 대출 미 승인 시 계약금은 반환하지 않는다'와 같은 조항이 있을 경우, 이를 일반적인 조건 및 관련 판례와 비교하여 임차인에게 불리할 수 있는 '위험 조항'으로 분류하고 경고 알림을 보낸다.

6.2. AI기반 계약서와 법규 문서 자동 분석 시스템 가상 사례

■ 가상 사례 1 – 생애 첫 주택 구매자의 숨겨진 '독소 조항' 탐지

1) 현안 과제: 젊은 신혼부부가 오랫동안 꿈꿔왔던 아파트의 매매 계약서에 서명하기 직전이다. 공인중개사가 제공한 계약서는 언뜻 보기에 평범해 보였다. 부부는 혹시나 하는 마음에 AI 계약서 분석 앱에 계약서 사진을 업로드했다.

2) 특약사항에는 '고위험(High Risk)' 경고등: AI는 1초 만에 계약서 분석을 마쳤다. 대부분의 조항은 '안전'으로 표시되었지만, '특약사항' 제5조에 '고위험(High Risk)' 경고등이 켜졌다. AI가 지적한 문제의 조항은 다음과 같았다.

"본 계약은 현 시설물 상태를 기준으로 하며, 잔금일 이후 발견되는 누수, 균열 등 중대한 하자에 대하여 매도인은 일체의 하자담보책임을 지지 아니한다."

3) AI의 분석 결과: AI는 이 조항에 대해 다음과 같은 분석 결과를 제시했다. "해당 특약은 민법 제580조에서 보장하는 '매수인의 '하자담보책임 청구권'을 사실상 포기하게 만드는 매우 불리한 조항입니다. 이는 표준 계약서에 없는 내용으로, 향후 집에 중대한 문제가 발생하더라도 수리 비용을 전혀 청구할 수 없게 되어 막대한 금전적 손실로 이어질 수 있습니다. 해당 조항의 '삭제 또는 수정'을 강력히 요구해야 합니다."

4) AI의 경고 덕분에 안전하게 계약 체결: 이 AI의 경고 덕분에, 신혼부부는 계약서의 위험성을 인지하고 중개인에게 수정을 요구하여 안전하게 계약을 마칠 수 있었다. 자칫 평생의 짐이 될 뻔한 '숨겨진 독소 조항'으로부터 AI가 그들을 구한 것이다.

■ 가상 사례 2 – 재개발 지역 빌라의 '입주권' 유무 자동 판별

1) 현안 과제: 한 투자자가 재개발이 예정된 지역의 낡은 빌라를 매입하려 한다. 이 빌라의 가치는 낡은 건물이 아니라, 미래에 받게 될 '신축 아파트 입주권'에 달려있다. 투자자는 등기부등본, 건축물대장, 토지이용계획확인원, 그리고 해당 시의 관련 조례까지 수많은 서류를 AI 분석 시스템에 한 번에 업로드했다.

2) AI의 검증절차: AI는 개별 문서를 따로 분석하는 것을 넘어, 모든 문서의 정보를 종합하고 교차 검증하기 시작했다. AI는 등기부등본에서 '최종 소유권 이전일'이 2024년 7월 15일임을 확인했다. 동시에, 함께 업 로드된 'A시 도시 및 주거환경정비 조례' 텍스트 안에서 해당 재개발 구역의 '권리산정기준일'이 2024년 3월 20일로 고시되었음을 찾아냈다.

3) AI의 분석결과 치명적 리스크 발견: AI는 이 두 날짜 정보를 비교한 후, 다음과 같은 결정적인 분석 결과를 내놓았다.

"치명적 리스크 발견: 본 부동산의 소유권 취득일(2024년 7월 15일)이 해당 구역의 권리산정기준일(2024년 3월 20일) 이후이므로, '도시정비법' 및 관련 조례에 따라 '현금청산 대상'이 될 확률이 99% 이상입니다. 즉, 이 빌라를 매입하더라도 신축 아파트 '입주권'은 부여되지 않으며, 감정평가액에 따른 현금 보상만 받게 될 가능성이 절대적입니다. 투자 목적과 부합하지 않으므로 '매입 재검토'가 시급합니다."

4) AI에 의한 숨겨진 진실의 발견: 이 투자자는 AI의 통합 분석이 아니었다면, 입주권이 나올 것이라 믿고 현금청산 대상 부동산을 비싼 값에 매입하는 치명적인 실수를 저지를 뻔했다. AI는 흩어져 있는 정보들을 연결하여 '숨겨진 진실'을 밝혀낸 디지털 셜록 홈즈였던 셈이다.

제7장

확산모델(Diffusion Model)을 통한 도시부동산 이미지 생성

1

확산모델(Diffusion Model)의 목표, 작동원리 및 기술, 역할, 장단점, 도시부동산 활용예시

이미지 생성 AI인 '미드저니(Midjourney)', '스테이블 디퓨전(Stable Diffusion)' 등이 보여주는 경이로운 수준의 결과물들은 모두 확산 모델(Diffusion Model)에 기반한다.

이 모델은 단순히 기존 데이터를 모방하는 것을 넘어, 완전한 무의 상태에서 세상에 존재할 법한 새로운 현실을 창조해내는, 마치 '꿈을 꾸는 기계'와 같다. 이는 도시와 부동산의 미래 모습을 시각적으로 탐험하고 시뮬레이션하는 데 무한한 가능성을 열어준다.

■ **확산모델(Diffusion Model) 모델의 목표, 작동원리 및 기술, 역할, 장단점, 도시부동산 활용예시**

구분	확산 모델 (Diffusion Model)
목표	완전한 무의 상태, 즉 순수한 노이즈(Noise)로부터 세상에 존재할 법한 매우 사실적이고 고품질의 새로운 데이터를 생성하는 것을 궁극적인 목표로 한다. 이미지, 사운드, 3D 모델 등 다양한 영역에서 압도적인 성능을 보인다.
작동원리 및 기술	1. 확산 과정 (Forward Process): 원본 데이터(예: 깨끗한 아파트 사진)에 점진적으로 노이즈를 수백, 수천 단계에 걸쳐 추가하여, 결국 아무것도 알아볼 수 없는 순수한 노이즈(TV의 '지지 직' 거리는 화면) 상태로 만드는 과정이다. 2. 역확산 과정 (Reverse Process): AI 모델(주로 U-Net 구조)이 노이즈가 추가된 순서를 역으로 거슬러 올라가며, 각 단계에서 '어떤 노이즈가 추가되었는지를 예측하고 제거(Denoising)'하는 과정을 반복한다. 이 과정을 통해 순수한 노이즈로부터 새로운 데이터를 복원/생성한다. 마치 조각가가 돌덩어리에서 불필요한 부분을 깎아내어 작품을 완성하는 것과 같다.
역할	'무에서 유를 창조'하는 하이퍼리얼리즘 생성기 (Hyper-realism Generator)단순한 데이터 생성을 넘어, 인간의 상상력이나 텍스트 지시를 바탕으로 극사실적인 결과물을 창조하는 'AI 아티스트'의 역할을 수행한다. 도시부동산 분야에서는 '가상 도시 건축가' 또는 '미래 경관 시뮬레이터'로서, 아직 존재하지 않는 건물과 도시의 모습을 시각적으로 구현해낸다.
장단점	[장점] - 압도적인 생성 품질: 현존하는 생성 모델 중 가장 사실적이고 디테일이 살아있는 결과물을 만든다. - 안정적인 학습 과정: GAN 모델의 고질적인 문제인 '모드 붕괴(Mode Collapse)' 현상이 거의 없어 다양한 결과물을 안정적으로 생성한다. - 유연한 조건 부여: 텍스트, 스케치, 다른 이미지 등 다양한 조건을 부여하여 원하는 결과물을 정교하게 제어할 수 있다. [단점] - 느린 생성 속도: 수많은 노이즈 제거 단계를 반복해야 하므로, 한 번에 결과물을 만드는 타 모델에 비해 생성 속도가 매우 느리다. - 많은 연산 자원 필요: 모델의 학습과 추론 과정 모두 막대한 컴퓨팅 파워를 요구한다. - 복잡한 모델 구조: 상대적으로 모델의 구조와 수학적 원리가 복잡하다.

도시부동산 활용 예시	1. 가상 부동산 이미지 및 조감도 생성: 텍스트로 "서울 한남동 스타일의, 흰색 외벽과 통유리를 사용한 3층짜리 고급 빌라, 1층에 정원이 있고 루프탑 수영장이 있는 모습"이라고 입력하면, 실제 사진과 구분하기 어려운 수준의 조감도와 외관 이미지를 즉시 생성한다. 2. 특정 조건 하의 도시 경관 변화 시뮬레이션: 기존의 도시 사진에 "이 지역의 용적률을 300%로 높이고, 모든 건물을 친환경 자재로 리모델링했을 때의 20년 후 미래 모습"이라는 조건을 부여하여, 변화된 도시 경관을 사실적인 이미지로 시뮬레이션 한다. 도시계획가와 주민들이 미래를 시각적으로 체험하고 의사결정을 내리는 데 활용된다. 3.최적의 인테리어 디자인 자동 생성: 아파트의 평면도(이미지)와 함께 "북유럽 스타일, 4인 가족, 밝은 우드 톤, 수납공간 최대화"라는 조건을 입력하면, AI가 해당 공간에 최적화된 다양한 고품질 인테리어 디자인 시안을 여러 개 생성하여 제안한다.

■ 이미지 생성 AI(확산 모델)의 '미드저니(Midjourney)', '스테이블 디퓨전(Stable Diffusion)의 목표, 작동기술, 역할, 장단점, 도시부동산 활용예시

구분	미드저니 (Midjourney)	스테이블 디퓨전 (Stable Diffusion)
목표	사용자가 입력한 텍스트 프롬프트를 기반으로 예술적이고 독창적인 고품질 이미지를 생성하는 것을 목표로 한다.	텍스트 프롬프트를 통해 사실적이거나 특정 스타일의 이미지를 생성하며, 오픈소스 모델로서 사용자의 세부적인 제어와 커스터마이징을 지원하는 것을 목표로 한다.
작동 기술	텍스트와 이미지를 함께 학습한 확산 모델(Diffusion Model)을 기반으로 작동한다. 노이즈가 추가된 이미지에서 원본을 복원하는 역방향 확산 과정을 통해, 텍스트 설명에 부합하는 새로운 이미지를 생성한다.	잠재 확산 모델(Latent Diffusion Model)을 핵심 기술로 사용한다. 이미지의 픽셀 공간이 아닌 압축된 잠재 공간에서 확산 과정을 처리하여, 비교적 낮은 컴퓨팅 자원으로도 고해상도 이미지 생성이 가능하게 된다.
역할	디스코드(Discord) 플랫폼을 통해 사용자와 상호작용하며, 간단한 명령어 입력만으로 전문 아티스트 수준의 시각적 결과물을 만들어내는 창작 보조 도구의 역할을 수행한다.	개인 PC에 직접 설치하여 사용하거나 웹 서비스를 통해 접근할 수 있다. 사용자가 모델을 미세 조정(fine-tuning)하거나 다양한 부가 기능을 결합하여 특정 목적에 최적화된 이미지를 생성하는 기술적 플랫폼의 역할을 한다.

장단점	장점: - 직관적인 사용법으로 초보자 접근성이 높다. - 생성되는 이미지의 예술적 완성도와 품질이 매우 높다. - 프롬프트 해석 능력이 뛰어나 일관된 스타일을 보여준다. 단점: - 유료 구독 모델이며, 무료 사용이 제한된다. - 폐쇄적인 소스 코드로 인해 세부적인 기술 조정이 어렵다. - 디스코드 플랫폼에 의존적으로 작동된다.	장점: - 오픈소스로서 무료로 사용 가능하며 수정 및 배포가 자유롭다. - 사용자가 직접 모델을 학습시키고 제어할 수 있어 확장성이 매우 높다. - 방대한 사용자 커뮤니티를 통해 다양한 모델과 기술이 공유된다. 단점: - 로컬 환경에 설치하고 최적화하는 과정이 복잡하다. - 고품질 이미지를 얻기 위해 세밀한 프롬프트 엔지니어링과 설정이 요구된다. - 개인 PC에서 실행 시 고사양의 GPU가 필요하다.
도시부동산 활용 예시	클라이언트에게 제시할 미래형 친환경 주거 단지의 초기 콘셉트 아트를 신속하게 여러 버전으로 생성하여 시각적인 아이디어를 구체화하는 데 활용된다.	특정 지역의 건축 양식과 자재 데이터를 추가로 학습시킨 모델을 이용하여, 신축 건물이 주변 도시 경관과 조화를 이루는 모습을 사실적인 시뮬레이션 이미지로 생성하는 데 활용된다.

2

도시부동산 가격 변동 시나리오 생성과 확률적 예측과 가상사례

2.1. 하나의 정답이 아닌, 가능한 미래의 지도를 그리다

전통적인 부동산 가격 예측은 종종 '내년 A 아파트의 가격은 5% 상승할 것이다'와 같이 단 하나의 미래를 제시하는 '점 예측(Point Prediction)'에 의존해왔다. 하지만 미래는 본질적으로 불확실하며, 예측에 영향을 미치는 변수는 무수히 많다. 이러한 방식은 예측이 빗나갔을 때 아무런 대응을 할 수 없는, 매우 취약한 접근법이다. 생성형 AI는 이 한계를 뛰어넘어, 마치 일기예보가 '비 올 확률 70%'라고 알려주듯, 부동산 시장의 미래를 '확률적 예측(Probabilistic Forecasting)'의 관점으로 제시한다.

이는 가능한 모든 미래 시나리오를 수천, 수만 번 시뮬레이션하고, 각 시나리오가 발생할 확률과 그때의 가격 범위를 함께 보여주는 방식이다. AI는 금리, GDP, 정책, 심리 지수 등 수많은 변수들의 복잡한 상호작용과 확률 분포를 학습하기에 이런 분석이 가능하다.

이를 통해 정책 입안자, 투자자, 그리고 내 집 마련을 꿈꾸는 개인은 단순히 '가격이 오른다/내린다'는 단편적인 정보가 아닌, 최상의 시나리오(Best Case), 가장 가능성 높은 시나리오(Most Likely Case), 그리고 최악의 시나리오(Worst Case)를 포함한 '가능한 미래의 지도'를 얻게 된다. 이는 불확실성이라는 안개 속에서 위험을 관리하고, 보다 현명하고 탄력적인 의사결정을 내릴 수 있도록 돕는 강력한 나침반이 된다.

2.2. 도시부동산 가격 변동 시나리오 생성과 확률적 예측 가상 사례

■ 가상 사례 1 – 특정 정책 도입에 따른 시장 반응 시뮬레이션

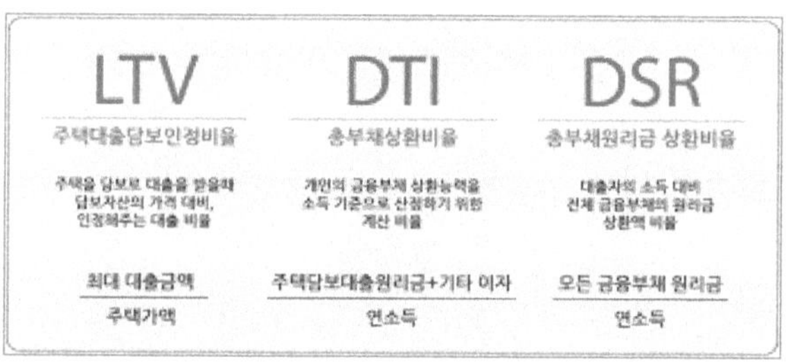

주택담보대출 LTV, DTI,DSR 3가지 쉽게 알아보기
https://developer1.tistory.com

1) **현안 과제:** 정부가 과열된 특정 지역(예: 서울 용산구)을 대상으로, 주택담보대출비율(LTV)을 현재보다 15%p 강화하는 강력한 규제 정책 도입을 고려하고 있다. 이 정책이 향후 1년간 시장에 미칠 영향을 예측하고자 한다.

2) **분석 방법:** 생성형 AI에 새로운 LTV 규제라는 조건을 입력하고, 과거 유사 정책 사례와 현재 시장 데이터를 바탕으로 10,000개의 가능한 미래 시나리오를 생성하도록 한다. AI는 각 시나리오의 발생 확률에 따라 결과를 그룹화하여 제시한다.

3) LTV 규제 강화 시 용산구 아파트 시장 시나리오 분석

시나리오 구분	시나리오 발생 확률	예측 가격 변동 범위 (향후 1년)	시나리오의 주요 동인
가장 가능성 높은 시나리오	65%	-5% ~ -8%	단기적 투자 수요 감소 매수 관망세 확산 기존의 높은 가격에 대한 부담감
비관적 시나리오	20%	-9% ~ -14%	예상보다 강력한 금리 인상과 중복 적용 시장 심리 급랭으로 인한 투매 현상 발생 전세 가격 동반 하락
낙관적 시나리오	15%	-1% ~ -4%	개발 호재에 대한 강한 기대감 지속 규제를 뛰어넘는 실수요층의 견고한 수요 시장에 풀린 풍부한 유동성

4) **결론 및 시사점:** 분석 결과, LTV 규제 강화는 65%의 확률로 -5%에서 -8% 사이의 완만한 가격 조정을 유발할 가능성이 가장 높다고 예측된다. 이는 정책 입안자에게는 규제의 예상 효과를, 잠재적 매수자에게는 시장 진입 타이밍을 조절할 수 있는 구체적인 확률 정보를 제공한다.

■ 가상 사례 2 – 거시 경제 충격에 대한 부동산 스트레스 테스트

영통지역 9년 만의 새 아파트… 모두 84㎡형
https://www.chosun.com/economy

1) 현안 과제: 글로벌 인플레이션과 지정학적 리스크로 인해, 향후 1년간 한국 경제가 다양한 수준의 충격을 받을 수 있다고 가정한다. 경기도의 대표적인 중산층 주거지역인 '수원시 영통구'의 한 아파트 단지가 이러한 거시 경제 변화에 얼마나 잘 견딜 수 있는지 스트레스 테스트를 수행하고자 한다.

2) 분석 방법: '기준금리', '경제성장률(GDP)', '실업률' 등 핵심 거시 경제 변수에 대한 여러 시나리오(예: 한국은행 기본 시나리오, KDI 비관적 시나리오 등)를 AI 모델에 입력하고, 각 시나리오가 '수원 영통구' 아파트 가격에 미칠 영향을 확률적으로 예측한다.

3) 거시 경제 시나리오별 수원 영통구 아파트 가격 스트레스 테스트

시나리오 구분	시나리오 발생 확률	예측 가격 변동 범위 (향후 1년)	시나리오의 주요 동인
기본 시나리오	50%	-3% ~ -6%	점진적 금리 인상 및 안정화 2% 내외의 안정적 경제 성장 대기업(삼성) 배후수요의 견고함

약한 침체 시나리오	35%	-7% ~ -12%	수출 부진으로 인한 마이너스 경제 성장 기준금리 추가 인상 단행 구매력 감소로 인한 거래 절벽 심화
심각한 위기 시나리오	15%	-18% ~ -25%	글로벌 금융 시스템 위기 전이 실업률 급등 및 가계 부채 리스크 폭발 급매물 출회로 인한 가격 하락 가속화

4) 결론 및 시사점: 이 아파트 단지는 "50%의 확률로 약한 조정(-3% ~ -6%)"에 그치며 거시 경제 충격에 비교적 잘 방어할 것으로 예측된다. 하지만 15% 확률로 발생하는 심각한 위기 상황에서는 최대 -25%의 가격 하락까지도 경험할 수 있음을 인지해야 한다. 이는 투자자나 금융기관이 자산 포트폴리오의 잠재적 최대 손실(Value at Risk)을 계산하고, 이에 대비한 리스크 관리 전략을 수립하는 데 결정적인 근거를 제공한다.

3

재개발·재건축 전후의 가상 시각화 구현과 가상사례

3.1 AI, 도시의 미래를 그리는 디지털 타임머신

재개발과 재건축은 단순히 낡은 건물을 부수고 새로 짓는 과정이 아니다. 그것은 도시의 풍경을 바꾸고, 사람들의 삶의 방식을 재구성하며, 새로운 가치를 창출하는 복잡한 과정이다. 지금까지 우리는 조감도나 건축 모형과 같은 정적인 결과물을 통해 미래를 상상해야만 했다. 하지만 이는 시간과 비용이 많이 들고, 다양한 대안을 비교하거나 실제 공간감을 느끼기에는 한계가 명확했다.

생성형 AI 기술은 이러한 상상의 한계를 허물고, 우리에게 도시의 미래를 체험하게 하는 '디지털 타임머신'을 제공한다. 특히 확산 모델(Diffusion Model)이나 너프(NeRF, Neural Radiance Fields)와 같은 기술은 이 혁신을 주도한다.

AI는 수천 장의 기존 도시 사진과 설계 데이터를 학습하여, 텍스트 설명만으로도 아직 존재하지 않는 건물의 사실적인 이미지를 무한히 생성해낼 수 있다. '자하 하디드 스타일의 유선형 디자인을 적용한 50층 주상복합'과 같은 간단한 명령어로 수십 개의 디자인 시안을 즉시 얻는 식이다.

자하 하디드의 곡선 건축, 미래를 디자인하다, https://brunch.co.kr

한 걸음 더 나아가, AI는 드론 등으로 촬영한 현재 지역의 3차원 공간 정보를 학습하여, 가상의 미래 모습을 디지털 공간에 완벽하게 구현한다. 사용자는 마치 게임 속을 거닐 듯, 재개발이 완료된 미래의 동네를 자유롭게 돌아다니며 건물 사이의 거리감, 공원의 개방감, 시간대에 따른 일조량의 변화, 그리고 특정 아파트 거실에서 바라볼 미래의 조망까지 직접 체험할 수 있다. 이는 단순한 시각화를 넘어, 모든 이해관계자가 미래에 대한 공통의 청사진을 공유하고, 더 나은 의사결정을 내리도록 돕는 강력한 소통의 도구가 된다.

3.2. 재개발·재건축 전후의 가상 시각화 구현 가상 사례

■ 가상 사례 1 – 노후 저층 주거지의 미래형 복합단지 변신

1) **현안 과제:** 서울의 한 노후화된 저층 주거 밀집 지역인 'A동 일대'를 대상으로, 친환경 기술과 커뮤니티 공간이 결합된 미래형 복합단지로의 재개발을 계획한다. 주민들과 투자자들에게 개발의 청사진과 미래 가치를 효과적으로 제시하고자 한다.

2) **분석 방법:** AI에 현재 A동 일대의 3차원 공간 데이터와 함께, '보행자 중심 도로', '중앙 공원', '스카이 브릿지', '에너지 자립형 건물' 등 핵심 개발 컨셉을 입력한다. AI는 이를 바탕으로 재개발 전후의 도시 환경 변화를 비교 분석하고, 가상 체험 시뮬레이션을 생성한다.

3) 'A동 일대' 재개발 전후 도시환경 비교 분석

평가 항목	재개발 전 (현재 상태)	재개발 후 (AI 생성 미래)	기대 변화 및 가치 상승 요인
녹지 공간 비율	5% 미만	25% 이상	중앙 공원 및 옥상 녹화로 주거 쾌적성 대폭 향상
평균 건물 층수	4층	35층	토지이용 효율 극대화 및 스카이라인 현대화
보행 환경	폭 2m 내외의 좁은 골목길	폭 15m 이상의 녹지 보행로	차 없는 거리를 통한 안전성 및 상권 활성화 기대
상업 시설 면적	1,000㎡	20,000㎡	단지 내 원스톱 라이프 실현, 지역 경제 활력 증대
예상 자산 가치	3.3㎡당 3,000만 원	3.3㎡당 8,000만 원	주거, 상업, 환경 가치의 동반 상승에 따른 자산 가치 급등

4) **결론 및 시사점:** AI 시각화는 녹지 비율 증가, 보행 환경 개선 등 재개발의 긍정적 효과를 모든 이해관계자가 직관적으로 이해하게 한다. 특히 가상현실(VR) 기기를 통해 미래의 공원을 거닐거나, 새로 생길

아파트에서 창밖 풍경을 바라보는 체험은 막연한 기대감을 '경험에 기반한 확신'으로 바꾸어 사업 추진의 동력을 확보하는 데 결정적인 역할을 한다.

■ 가상 사례 2 – 재건축 아파트의 다양한 디자인 대안 비교 및 선정

상계동 노후 저층 주거지 4591세대 아파트 단지로-국민일보
https://www.kmib.co.kr

1) **현안 과제:** 지어진 지 40년이 지난 서울의 대표적인 노후 아파트 단지인 'B 아파트'의 재건축을 추진한다. 조합원들은 세 가지의 각기 다른 디자인 시안을 두고 의견이 나뉜 상태이며, 합리적인 의사결정을 위한 객관적인 비교 데이터와 시각 자료가 필요하다.

2) **분석 방법:** AI에 각기 다른 건축 디자인 시안(A안: 클래식, B안: 모던, C안: 친환경)의 기본 설계와 컨셉을 입력한다. AI는 각 시안별로 사실적인 조감도는 물론, 특정 세대에서의 조망, 일조량 변화, 그리고 예상 건축비까지 시뮬레이션 하여 비교 분석 자료를 생성한다.

3) 'B 아파트' 재건축 디자인 시안별 비교 분석

비교 항목	A안 (클래식 스타일)	B안 (모던 스타일)	C안 (친환경 스타일)	AI 분석 및 조합원 선호도 예측
디자인 컨셉	석재 마감, 유럽풍 외관	통유리 커튼월, 비정형 외관	수직 정원, 목재 마감, 테라스	B안이 젊은 층에게, A안이 중장년층에게 선호될 것으로 예측
예상 공사비	3.3㎡당 900만 원	3.3㎡당 1,100만 원	3.3㎡당 1,050만 원	B안이 가장 고비용, A안이 가장 경제적
로열동 25층 조망	파노라마 시티뷰	시티뷰, 일부 프레임 간섭	녹지 조망 강화, 일부 시야 제한	조망 가치는 A안이 가장 우수할 것으로 시뮬레이션됨
주변 단지 일조권 침해율	5.2%	7.8%	4.5%	C안이 법적 분쟁 가능성이 가장 낮으며, 친환경 이미지로 단지 가치 제고 가능

4) 결론 및 시사점: AI는 조합원들이 각자 자신의 미래 자산이 될 아파트의 실제 모습을 '미리 살아보는' 경험을 제공한다. 특정 동, 특정 층에서 바라볼 조망을 시뮬레이션 해주고, 디자인에 따른 일조권 변화까지 데이터로 제시함으로써, 막연한 취향의 차이를 넘어 객관적 데이터에 기반한 합리적인 토론과 투표를 가능하게 한다. 이는 재건축 과정에서 가장 어려운 과제인 조합원 간의 합의를 이끌어내는 혁신적인 해결책이 된다.

4

상업 중심지의 미래 변화를 예측하는 이미지 시퀀스 생성과 가상사례

4.1. AI, 도시의 미래를 상영하는 타임랩스 카메라

도시의 변화, 특히 상업 중심지의 진화는 하룻밤 사이에 일어나는 단일 사건이 아니다. 그것은 수년에 걸쳐 점진적으로, 그리고 때로는 급격하게 진행되는 연속적인 과정이다. 지금까지 우리는 '10년 후의 모습'이라는 단 한 장의 미래 사진에 만족해야 했다. 하지만 생성형 AI는 여기서 한 걸음 더 나아가, 미래의 변화 과정을 마치 타임랩스 영상처럼 연속적인 이미지들로 보여주는, 즉 이미지 시퀀스(Image Sequence)를 생성하는 놀라운 능력을 보여준다.

이는 마치 AI에게 '미래를 상영하는 카메라'를 쥐여주는 것과 같다. AI는 특정 상업 지역의 현재 모습과 함께, 미래에 일어날 주요한 변화 요인들을 조건으로 입력 받는다. 예를 들어, '3년 후 신규 지하철역 개통', 'MZ세대의 소비 트렌드가 '체험형 리테일'로 변화', 그리고 '5년간 연평균 10%의 유동인구 증가'와 같은 복합적인 시나리오를 제공하는 것이다.

AI는 이 조건들을 바탕으로, 시간의 흐름에 따른 가장 개연성 높은 시각적 변화의 연속체를 생성한다. 1년 차에는 작은 가게 몇 개가 트렌드한 모습으로 바뀌고, 3년 차에는 지하철역 주변으로 새로운 건물이 들어서며 보행자의 모습이 눈에 띄게 젊어 진다. 5년 차에 이르면 거리 전체의 스카이라인과 분위기가 완전히 바뀌어 있다.

이러한 이미지 시퀀스 생성 기술은 도시 계획가와 개발자, 상권 분석가에게 미래 변화의 '속도'와 '방향'을 시각적으로 예측하고, 단계별 발전 전략을 수립하는 데 전례 없는 통찰력을 제공한다. 이는 더 이상 미래를 점치는 것이 아니라, 가능한 미래의 전개 과정을 과학적으로 시뮬레이션하는 것에 가깝다.

4.2. 상업 중심지의 미래 변화를 예측하는 이미지 시퀀스 생성 가상 사례

■ 가상 사례 1 – 쇠퇴하는 대학 상권의 '힙플레이스' 부활 시뮬레이션

개강 앞뒀지만 발길 끊긴 대학가 상권 암울…상가·원룸 '텅텅' | 연합뉴스
https://www.yna.co.kr

1) **현안 과제**: 한때 번성했으나 현재는 활력을 잃어가고 있는 서울의 한 대학 상권 'A 거리'. 관할 구청과 상인 연합은 이 거리를 MZ세대가 열광하는 '체험형 문화 공간'으로 탈바꿈 시키는 프로젝트의 성공 가능성을 미리 확인하고 싶어 한다.

2) **분석 방법**: AI에 'A 거리'의 현재 사진들과 함께, 향후 5년간의 단계별 실행 계획(1년 차: 팝업스토어 존 도입, 2년 차: 거리 공연 및 예술제 활성화, 3년 차: 보행자 전용 시간 확대, 4년 차: 독립 디자이너 브랜드 유치, 5년 차: 미디어 파사드 설치)을 조건으로 입력하고, 연도별 이미지 시퀀스

생성을 요청한다.

3) 'A 거리' 활성화 프로젝트 5개년 이미지 시퀀스 분석

시점	AI 생성 이미지의 주요 특징	핵심 성과 지표 (KPI) 예측	상업적 가치 변화 예측
현재	낡은 간판, 비어 있는 상점, 적은 유동인구	일 유동인구: 5,000명	공실률: 30%
1년 후	거리 곳곳에 개성 있는 팝업스토어 등장, 유동인구 소폭 증가	일 유동인구: 8,000명	공실률: 25%
3년 후	거리 공연을 즐기는 젊은 층, 활기찬 야간 조명, 신규 맛집 입점	일 유동인구: 15,000명	공실률: 10%
5년 후	5.2%독특한 디자이너 샵과 체험형 매장 밀집, 화려한 미디어 파사드, 인스타그램 성지로 부상	일 유동인구: 30,000명	공실률: 5% 미만, 임대료 2배 상승

4) **결론 및 시사점:** AI가 생성한 이미지 시퀀스는 프로젝트가 성공적으로 진행될 경우, 거리가 어떻게 점진적으로 활기를 되찾고 젊은 세대를 끌어들이는지를 명확히 보여준다. 특히 3년 차에 나타나는 '야간 활성화' 이미지는 추가적인 야간 조명 예산 투입의 필요성을, 5년 차의 모습은 상권의 정체성이 완전히 변모했음을 시각적으로 증명하여, 단계별 투자와 정책 결정의 설득력을 크게 높인다.

■ 가상 사례 2 – 대규모 오피스 빌딩 입주가 주변 상권에 미치는 파급 효과 예측

1) **현안 과제:** 비교적 한산했던 업무 지구인 'B 지구'에 대형 IT 기업의 신사옥이 들어서기로 확정되었다. 3년 후, 약 1만 명의 고소득 직장인이 이 지역으로 유입될 예정이다. 이 단일 사건이 주변 상업 가로에 향후 10년간 어떤 연쇄적인 변화를 일으킬지 예측하고자 한다.

T기업 "신축년, 새사옥 출발"...몸집 늘리고 재정비 '한창'
https://www.dailian.co.kr

2) **분석 방법:** AI에 'B 지구'의 현재 모습과 '3년 후 1만 명 규모의 IT 기업 입주'라는 핵심 이벤트를 조건으로 입력한다. AI는 이로 인해 유발될 소비 패턴의 변화(예: 고급 F&B 수요 증가, 편의시설 수요 증가)를 함께 학습하여 10년간의 이미지 시퀀스를 생성한다.

3) 'B 지구' 앵커 테넌트 입주 후 10개년 변화 예측

단계	기간	AI 생성 이미지의 주요 시각적 변화	상업 임차인 구성 (Tenant Mix) 변화 예측
1단계 (기대 형성기)	입주 전 (현재 ~ 2년 후)	큰 변화 없음, 일부 저가 식당이 내부 수리 시작	기존 저가 한식, 분식 위주
2단계 (급격 팽창기)	입주 후 (3년 후 ~ 5년 후)	세련된 카페, 베이커리, 고급 점심 식당 급증. 편의점, 드럭스토어 입점.	스페셜티 커피, 샌드위치, 파스타 전문점 등 F&B 고급화
3단계 (성숙 안정기)	입주 후 (6년 후 ~ 10년 후)	낡은 저층 건물들이 현대적인 상가 건물로 재건축. 와인바, 파인다이닝 등 야간 상권 형성.	F&B 외 피트니스 센터, 클리닉, 외국어 학원 등 서비스 업종 확장

4) **결론 및 시사점:** AI 이미지 시퀀스는 대규모 앵커 테넌트의 입주가 단순한 유동인구 증가를 넘어, 상권의 업종과 수준 자체를 단계적으로 어떻게 바꾸어 놓는지를 명확히 보여준다. 2단계에서 나타나는 '점심

상권의 고급화' 이미지는 F&B 투자자에게, 3단계에서 보이는 '서비스 업종의 확장' 이미지는 새로운 사업 기회를 찾는 예비 창업자에게 결정적인 정보를 제공한다. 이는 도시의 유기적인 변화를 예측하고 선제적으로 대응하는 것을 가능하게 한다.

5

시각자료가 부동산 투자 의사결정에 미치는 영향 분석과 가상사례

5.1. 보는 것이 믿는 것, AI는 미래 가치를 경험하게 한다

인간의 뇌는 추상적인 숫자나 텍스트보다 직관적인 시각 정보에 훨씬 더 빠르고 감정적으로 반응하도록 진화했다. 이는 부동산 투자 의사결정 과정에서 매우 중요한 의미를 가진다. 아무리 상세한 데이터와 수익률 분석표를 제시해도, 그 부동산의 미래 모습을 담은 사실적인 이미지 한 장이 투자자의 마음을 움직이는 결정적인 계기가 될 수 있다. '보는 것이 믿는 것'이라는 격언은 부동산 시장에서 그 어느 때보다 강력한 진리가 되었다.

생성형 AI는 이 지점에서 가치 평가의 패러다임을 바꾸고 있다. 생성형 AI는 단순히 건물의 조감도를 예쁘게 그리는 것을 넘어, 데이터에 기반한 미래의 가능성을 인간이 가장 쉽게 이해하고 공감할 수 있는 '시각적 경험'으로 번역하는 역할을 한다.

예를 들어, '유동인구 30% 증가', '상권 활성화'라는 텍스트 데이터는

AI를 통해 '화창한 주말 오후, 새로 생긴 카페의 야외 테라스에 앉아 여유를 즐기는 사람들로 북적이는 거리 풍경'이라는 생생한 이미지로 변환된다.

이러한 시각 자료는 투자자의 뇌에서 긍정적인 감정을 유발하고, 미래 수익에 대한 막연한 기대를 '실현 가능한 현실'로 인식하게 만든다. 이는 잠재적 리스크에 대한 우려를 감소시키고, 투자 결정에 대한 확신을 높이며, 의사결정의 속도를 단축시키는 강력한 촉매제로 작용한다. 결국 AI가 생성한 시각 자료는 단순한 참고 자료가 아니라, 부동산의 잠재 가치를 극대화하고 투자 유치를 이끌어내는 핵심적인 비즈니스 도구가 되는 것이다.

5.2. 시각자료가 부동산 투자 의사결정에 미치는 영향 분석가상 사례

■ 가상 사례 1 – 미개발 상업용지에 대한 투자 결정 A/B 테스트

1) **현안 과제:** 한 부동산 개발사가 현재는 허허벌판인 신도시의 상업용지에 복합 쇼핑몰을 건설하기 위해 투자자들을 모집하고 있다. 개발사는 동일한 조건의 투자 제안서를 두 그룹의 잠재 투자자들에게 각기 다른 방식으로 제시하여 그 효과를 분석하고자 한다.

2) **투자 구룹 별 보고서 제공 받음:**

(1) **그룹 A** (데이터 기반 제안): 사업 계획, 예상 임대 수익률, 비용 분석, 시장 데이터 등 상세한 수치와 텍스트로만 구성된 보고서를 제공받는다.

(2) **그룹 B** (AI 시각자료 결합 제안): 그룹 A와 동일한 데이터 보고서와 함께, AI가 생성한 '미래 쇼핑몰에서의 하루'를 담은 2분짜리 영상과 가상현실(VR) 투어 콘텐츠를 함께 제공받는다. 영상에는 쇼핑몰 내부를 거닐며 쇼핑하는 가족, 옥상 정원에서 휴식을 취하는 연인,

맛집에서 저녁을 즐기는 친구들의 모습이 사실적으로 담겨있다.

3) 투자 그룹별 의사결정 비교 분석

평가 항목	그룹 A (데이터 기반)	그룹 B (AI 시각자료 결합)	시각자료의 영향력 분석
인식된 미래 가치	1,000억 원	1,250억 원	25% 가치 상승 인식 효과
투자 의향률	35%	75%	40%p 투자 의향 상승
최종 결정 소요 시간	평균 15일	평균 4일	의사결정 시간 73% 단축
프로젝트 성공 확신도	5.5/10점	8.5/10점	미래에 대한 불확실성 감소 및 신뢰도 증대

4) 결론 및 시사점: 데이터만 접한 그룹 A는 프로젝트의 리스크와 불확실성을 더 크게 인식한 반면, AI 시각자료를 통해 미래를 '체험'한 그룹 B는 프로젝트의 성공적인 모습을 감정적으로 받아들였다. 이는 시각자료가 투자 대상의 인지된 가치를 직접적으로 상승시키고, 투자 장벽을 낮추며, 의사결정을 촉진하는 결정적인 역할을 수행함을 명백히 보여준다.

■ 가상 사례 2 - 공공 재개발 프로젝트에 대한 주민 동의율 확보

남대문시장 확 바뀐다…도시공간 혁신 통한 상권 활성화 | 중앙일보
https://www.joongang.co.kr

1) **현안 과제:** 한 지자체가 낡고 위험한 구시장의 환경을 개선하고, 청년 창업 공간과 공공 도서관이 결합된 '문화 시장'으로 재개발하는 프로젝트를 추진한다. 하지만 기존 상인들과 주민들은 임대료 상승과 젠트리피케이션에 대한 우려로 반대 여론이 높은 상황이다.

2) **그룹 별 조감도 제시 받음:**

(1) **그룹 A(설명회 및 조감도):** 전통적인 주민 설명회를 개최하여, 프로젝트의 개요를 설명하고 몇 장의 평면적인 조감도를 제시한다.

(2) **그룹 B(AI 인터랙티브 시뮬레이션):** 주민들을 위한 '미래 시장 체험관'을 운영한다. 주민들은 대형 스크린과 키오스크를 통해 AI가 생성한 미래 시장의 모습을 둘러볼 수 있다. 자신의 현재 가게 위치를 클릭하면 재개발 후의 예상 위치와 주변 환경을 360도로 볼 수 있고, 시간대를 조절하여 낮의 활기찬 모습과 밤의 안전한 모습을 직접 확인할 수 있다.

3) 주민 설득 방식에 따른 태도 변화 비교 분석

평가 항목	그룹 A (설명회 방식)	그룹 B (AI 체험 방식)	AI 시뮬레이션의 효과 분석
프로젝트 찬성률	22% → 35% (13%p 상승)	25% → 70% (45%p 상승)	반대 여론을 찬성으로 전환하는 데 3.5배 효과적
젠트리피케이션 우려	감소하지 않음	'공공 임대 상가' 구역 확인 후 우려 크게 감소	투명한 정보 제공으로 막연한 불안감 해소
지역 활성화 기대감	보통 수준	매우 높음	미래의 긍정적 변화를 직접 체험하며 기대 심리 자극
추가 공청회 참여 의사	낮음	높음	수동적 정보 수용자에서 능동적 참여자로 태도 변화

4) **결론 및 시사점:** AI 기반의 인터랙티브 시뮬레이션은 주민들을 단순한 설득의 대상이 아닌, 미래를 함께 만들어가는 주체로 변화시켰다.

개발 후의 모습을 투명하고 구체적으로 '증명'함으로써, 막연한 불안감을 해소하고 긍정적인 기대감을 심어주었다. 이는 공공 프로젝트에서 가장 어려운 과제인 사회적 합의를 형성하는 데 AI 시각화 기술이 얼마나 효과적인지를 보여주는 사례이다.

6

확산모델 기반 도시부동산 리스크 관리 전략 수립과 가상사례

6.1. 보이지 않는 위험의 지도를 그리다: 확산 모델 기반 리스크 관리 전략

도시와 부동산 시장에 영향을 미치는 리스크는 독립적으로 발생하기보다, 마치 전염병처럼 한 지점에서 시작하여 주변으로 퍼져 나가는 '확산(Diffusion)'의 특성을 보인다. 예를 들어, 한 금융 기관의 부실은 주변 기업의 연쇄 도산으로 이어지고, 이는 결국 해당 지역 오피스 시장의 공실률 급등과 임대료 하락이라는 부동산 리스크로 전이된다. 이처럼 서로 연결된 도시 시스템 속에서 리스크가 번져 나가는 경로와 속도를 예측하는 것은 미래의 위기를 선제적으로 관리하는 데 있어 핵심적인 과제이다.

'확산 모델(Diffusion Model)'은 본래 의학에서 감염병의 전파 경로를 예측하거나, 사회학에서 새로운 아이디어나 소문이 퍼지는 양상을 분석하는 데 사용되던 기법이다. 생성형 AI는 이러한 확산 모델의 원리를 도시부동산 데이터에 접목하여, 특정 리스크의 '최초 발생지(Patient Zero)'와 '전파 경로', 그리고 '최종 영향 범위'를 시뮬레이션 한다. AI는 도시 내 다양한 부동산 자산들을 하나의 연결된 네트워크로 간주하고, 각 자산(노드)들이 서로에게 미치는 영향을 분석하여 리스크의 전염 가능성을 계산한다.

이 모델은 단순히 개별 부동산의 가치를 평가하는 것을 넘어, “도시 시스템 전체의 회복탄력성(Resilience)”을 측정하는 강력한 도구가 된다. 생성형 AI는 특정 지역에 외부 충격(예: 금리 급등, 산업 침체, 자연재해)이 가해졌을 때, 그 충격파가 어떤 경로를 통해 어떤 부동산 자산에 가장 치명적인 영향을 미칠지를 시뮬레이션 하여 ‘리스크 지도(Risk Map)’를 생성한다. 이를 통해 투자자와 정책 결정자는 위험의 연결 고리를 사전에 파악하고, 리스크 확산을 차단하거나 충격을 완화할 수 있는 ‘방화벽’을 선제적으로 구축하는 전략적 의사결정을 내릴 수 있다.

■ 가상 사례 1 - 금융 위기 리스크의 상업용 부동산 전이 시뮬레이션

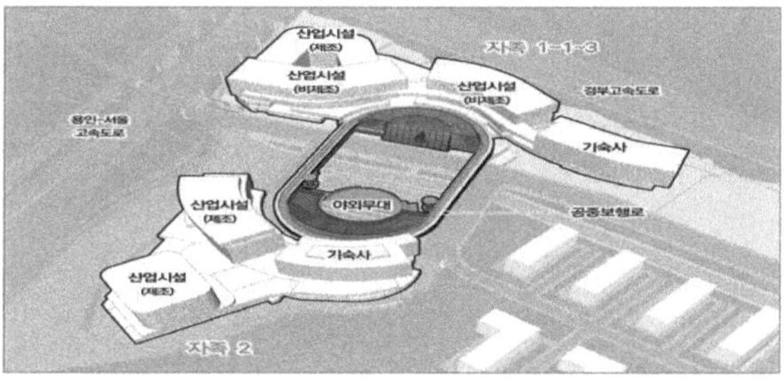

총사업비 2조원 제3판교 테크노밸리… 공사비 부족에 건설사들 보수적 접근
https://biz.chosun.com

1) 현안 과제: IT 산업의 중심지 ‘테크노 밸리’에서 시작된 금융 불안이 지역 상업용 부동산 시장에 어떤 연쇄 효과를 미칠지 확산 모델을 통해 시뮬레이션해 보자.

2) 분석: '테크노 밸리' 금융 리스크 확산 모델 시뮬레이션 결과

분석 대상 (노드)	리스크 감염 경로 (AI 분석)	리스크 취약성 지수 (10점 만점)	6개월 후 가치 하락 예측률	AI 기반 리스크 관리 전략
A오피스 (IT 대기업 입주)	IT 기업 자금난 → 임대료 연체 → 계약 해지	8.5 (고위험)	-20%	임차인 다변화, 장기 임대 계약 유도
B오피스 (다양한 업종 입주)	A오피스 임대료 하락에 따른 동반 하락 압력	5.0 (중위험)	-8%	경쟁력 있는 임대료 유지, 부대 서비스 강화
C상가 (고급 F&B 중심)	IT 기업 직원 소비 감소 → 매출 급감 → 공실	7.0 (고위험)	-15%	배달/포장 서비스 강화, 가성비 메뉴 개발
D상가 (생활 밀착형 업종)	상대적으로 영향 적음 (필수 소비재)	2.5 (저위험)	-3%	안정적 자산으로 유지, 포트폴리오의 방어 역할

3) 분석 결과: 확산 모델은 금융 위기라는 최초의 충격이 임차인의 업종 구성에 따라 각 부동산에 차별적으로 전파될 것을 명확히 보여준다. AI는 IT 기업이라는 단일 업종에 대한 의존도가 높은 A오피스를 리스크 확산의 핵심 고리로 지목하고 가장 높은 가치 하락을 예측했다. 또한, 오피스 시장의 침체가 주변 상권의 소비 위축으로 이어지는 2차 확산 경로까지 시뮬레이션 했다.

4) 투자자에게 주는 시사점: 이 리스크 지도를 통해 투자자는 포트폴리오 내에서 A오피스와 C상가에 대한 비중을 줄이거나, D상가와 같은 방어적 자산을 편입하여 전체 포트폴리오의 안정성을 높이는 선제적 대응을 할 수 있다.

■ 가상 사례 2 - 대규모 주거단지 내 평판 리스크 확산 예측

집마다 하자 150건, 사람 죽어야…" 신축아파트 입주민들 분노 중앙일보
https://www.joongang.co.kr

1) **현안 과제:** 대규모 아파트 단지인 '그린 빌'의 한 동에서 심각한 건축 하자가 발견되었다. 이 부정적 이슈가 단지 전체의 부동산 가치에 어떤 영향을 미칠지, 평판 리스크 확산 모델로 예측해 보자.

2) **분석:** '그린 빌' 아파트 평판 리스크 확산 예측 및 관리 시나리오

분석 대상 (노드)	리스크 확산 매개체 (AI 분석)	최초 3개월 내 평판 하락 예측	AI 추천 대응 전략	대응 후 평판 회복 예측 (6개월)
최초 하자 발생 동	직접적 피해, 언론 보도	-30%	신속한 보수 및 피해 보상	- 10% 수준으로 회복
인접 동	주민 커뮤니티, 시각적 불안감	-15%	전체 동 대상 정밀 안전 진단 실시 및 공개	- 5% 수준으로 회복
단지 내 상가	외부 방문객 감소, 단지 이미지 악화	-20%	입주민 대상 할인 프로모션, 공동 마케팅	- 8% 수준으로 회복
단지 전체 (평균)	온라인 부동산 커뮤니티, 지역 맘카페	-18%	적극적 언론 대응, 투명한 정보 공개, 입주자대표회의와 협력	- 7% 수준으로 회복

3) 분석 결과: AI 확산 모델은 건축 하자라는 물리적 리스크가 주민 커뮤니티와 온라인 여론이라는 매개체를 통해 눈에 보이지 않는 '평판 리스크'로 빠르게 번져 나갈 것을 예측한다. 리스크는 하자 발생 동에 국한되지 않고, 인접 동과 단지 내 상가, 나아가 단지 전체의 자산 가치까지 연쇄적으로 하락 시킨다. 중요한 것은 AI가 단순히 리스크 확산을 예측하는 데 그치지 않고, 각 확산 경로에 맞는 차단 전략을 제시한다는 점이다.

4) 시사점: 신속한 보수, 투명한 정보 공개, 적극적인 소통과 같은 선제적 조치가 이루어질 경우, 리스크의 추가 확산을 막고 평판 회복을 앞당겨 전체 자산 가치의 하락 폭을 최소화할 수 있음을 시뮬레이션 결과는 보여준다.

종합하면, 확산 모델 기반의 리스크 관리는 도시와 부동산을 둘러싼 복잡한 위협의 네트워크를 가시화하고, 그 동적인 흐름을 예측하는 최첨단 방법론이다. 생성형 AI가 그리는 이 '위험의 지도'는 우리가 예측 불가능한 미래의 파도 속에서 자산의 가치를 지키고, 위기를 기회로 전환할 수 있는 가장 정교하고 신뢰도 높은 등대가 되어줄 것이다.

참고문헌

1. Abidoye, R. B., & Chan, A. P. C. (2017). Critical review of models used in property valuation. International Journal of Strategic Property Management, 21(3), 268–277.
2. Alnaser, A. A., Maxi, M., & Elmousalami, H. (2024). AI powered digital twins and Internet of Things for smart cities and sustainable building environment. Applied Sciences, 14(24), 12056.
3. Alonso, R., Locci, R., & Reforgiato Recupero, D. (2025). Improving digital twin experience through big data, IoT and social analysis: An architecture and a case study. International Journal of Big Data Analytics.
4. Antipov, E. A., & Pokryshevskaya, E. B. (2012). Mass appraisal of residential apartments: An application of Random Forest for valuation and a CART-based approach for model diagnostics. Expert Systems with Applications, 39(2), 1772–1778.
5. BBVA Research. (2018). Measuring retail trade using card transactional data.
6. Baen, J. S. (1996). The income approach to real estate valuation: A review and critique. The Appraisal Journal, 64(3), 364–376.
7. Biz4Group. (2025, June 26). How to use AI for real estate in 2025: Top use cases.
8. Bombay Softwares. (2023, September 30). K-means clustering explained.
9. Carto. (2023, August 3). Boosting retail & CPG sales with sentiment analysis. Business Insights.
10. Chen, L., & Hayashi, Y. (2022). Housing price prediction using deep neural networks. Procedia Computer Science, 199, 524–531.
11. Chen, X., Wei, L., & Xu, J. (2017). House price prediction using LSTM.
12. Chiu, K. C. (2024). A Long Short-Term Memory model for forecasting housing prices.
13. Deloitte Insights. (2021). Smart cities: Big data, civic engagement and urban innovation.

14. Deloitte Insights. (n.d.). Smart cities: Big data and the future of urban development.
15. Dubey, T., & Sinha, N. (2015). Predicting urban perception via CNN from street view images.
16. Geltner, D., Miller, N. G., Clayton, J., & Eichholtz, P. (2013). Commercial real estate analysis and investments (3rd ed.). Cengage Learning.
17. Gholizadeh, M. H., Movahed, S. H., & Nia, M. H. (2021). Predicting real estate prices using machine learning techniques. Applied Artificial Intelligence, 35(1), 1–17.
18. Helbich, F., & Zhang, F. (2024). Urban Visual Intelligence: Studying Cities with Artificial Intelligence.
19. Hoang, T. (2024). Time series analysis on predicting the US housing market.
20. International Valuation Standards Council (IVSC). (2021). International valuation standards (IVS 2022).
21. Jang, S. (2023). A study on the methodology for estimating floating population in microscopic spatial units. Sustainability, 15(5), Article 4407.
22. Jiang, L., Li, X., & Wang, J. (2021). Urban housing price forecasting using CNN and LSTM. Applied Soft Computing, 113, 107931.
23. Khamparia, A., Pandey, B., & Gupta, D. (2020). Recurrent neural network-based model for urban real estate price prediction. Neural Computing and Applications, 32, 15245–15256.
24. Kostic, Z., & Jevremovic, A. (2021). What image features boost housing market predictions? arXiv.
25. Liu, X., He, H., & Wu, Z. (2020). Real estate price prediction based on deep learning: An analysis of the Beijing housing market. IEEE Access, 8, 151766–151774.
26. McKenzie, G. (2021). Measuring urban regional similarity through mobility signatures. Transportation Research Part D: Transport and Environment.
27. Ministry of Land, Infrastructure and Transport. (n.d.). English introduction. Ministry of Land, Infrastructure and Transport.

28. NumberAnalytics. (2025, June). Sentiment analysis in international real estate. Big Data Blog.
29. OECD. (2025). BBVA big data on online credit card transactions. OECD Digital Economy Papers.
30. Open Geospatial Consortium. (2023). The role of geospatial data in urban analytics.
31. Poursaeed, O., Matera, T., & Belongie, S. (2017). Vision-based real estate price estimation.
32. Quan, S.-J., et al. (2022). Urban-GAN: An artificial intelligence-aided computation system for plural urban design.
33. Ragb, H. (2024). Hybrid GRU-LSTM recurrent neural network-based model for accurate house price prediction.
34. Ratterman, M. R. (2010). Using the cost approach: The missing manual. Appraisal Institute.
35. Rydel, C. (2023). Ranking real estate properties for similarity. Medium.
36. Sayce, S., Ellison, L., & Smith, J. (2003). Incorporating sustainability into real estate appraisal: Evidence from the valuation profession in the UK. Journal of Property Investment & Finance, 21(6), 551–560.
37. Shao, J. (2025). News sentiment and housing market dynamics. Journal of Economic Behavior & Organization.
38. Shapiro, E., Mackmin, D., & Sams, G. (2012). Modern methods of valuation (11th ed.). Routledge.
39. Sheth, A. P., & Ramakrishnan, C. (2007). Semantic Web technologies and e-business: Toward integrated virtual organization. In J. M. Pujol & M. Noguera (Eds.), Semantic Web technologies and e-business (pp. 1–23). Idea Group Publishing.
40. Taşc ı lar, M. (2022). Forecasting commercial real estate indicators under COVID 19. PMC.
41. Yang, J. (2023). Novel CNN-based approach for reading urban form data. ISPRS International Journal of Geo-Information.

42. Zhang, C., & Li, W. (2020). A hybrid model using XGBoost and LSTM for real estate appraisal. Journal of Real Estate Research, 42(2), 155–178.
43. Zhang, W., Ma, Y., Zhu, D., Dong, L., & Liu, Y. (2022). MetroGAN: Simulating urban morphology with Generative Adversarial Network.
44. Zhao, S. (2024). Applying machine learning and ARIMA time series to predict house prices.
45. Zhao, X., et al. (2021). Mapping hourly population dynamics using remotely sensed data.
46. Zheng, Y., Capra, L., Wolfson, O., & Yang, H. (2014). Urban computing: Concepts, methodologies, and applications. ACM Transactions on Intelligent Systems and Technology, 5(3), 1–55.
47. Zhou, Z., Tang, J., & Dong, H. (2021). Urban housing price prediction based on deep learning models: A comparative study. IEEE Access, 9, 112436–112445.
48. Zillow. (2023). How Zestimate works: Data science behind home valuations.

【저자 약력】

원제무

저자는 한양대 공대, 서울대 환경대학원, 미국 UCLA도시건축대학원을 졸업하고, MIT도시대학원에서 도시계획 및 교통계획 박사학위를 받았다.
저자는 귀국 후 KAIST 도시교통연구본부장, 서울연구원 선임연구위원, 서울시립대 도시공학과 교수 등을 거쳐 국토도시계획학회장과 한양대 도시대학원장을 역임했다.
현재는 한양대 도시대학원 명예교수로 재직하면서 연구와 강의를 해오고 있다.

도시부동산 가치를 읽는 새로운 눈, 생성형 AI

초판 인쇄 2025년 9월 15일
초판 발행 2025년 9월 20일

지은이 원제무
펴낸이 박노일

총괄기획 최준규
편 집 이상민

펴낸곳 피앤씨 미디어
경기도 고양시 일산동구 강송로 153, 310-1501
등록 제396-2012-000203호
전 화 070)7550-3758 팩 스 02)6280-3758
홈페이지 www.pncmedia.co.kr 이메일 pnc@pncmedia.co.kr
ISBN 979-11-7401-028-5 93500

정 가 17,000원